Det Stille Vand
Den Dybe Grund
Mine 40 år i hiphop

Per Pedersen

**En samtale med forfatter
Michael Sørensen**

Forlag: BoD – Books on Demand, Hellerup, Danmark
Tryk: BoD – Books on Demand, Norderstedt, Tyskland
ISBN: 9788743032144

<u>**Michael har ordet.**</u>

Det hele startede tilbage i 2017. Grandmaster Dee Pee fejrede sine 35 år i gamet og jeg var i færd med at skrive en helt anden bog. Noget slog mig og jeg foreslog stilfærdigt, at Per og jeg skulle skrive en bog om ham, hans karriere og hans op- og nedture gennem en livslang rejse i hiphopmiljøet. Ikke en biografi som sådan, men en menneskehistorie af anekdoter og små historier om, hvordan man kan elske noget så meget, at man bruger hovedparten af sit liv på lidenskabeligt at skabe et musikalsk univers.

Det var et perfekt match mellem Per og jeg. Han havde selv tænkt samme tanke, men der skulle gå mere end tre år, en RBC genforenings-tour og en nedlukning af verden på grund af CoVid19, før vi endelig fik sat os ned og lavet en skitse af den bog, som du nu sidder med i hånden.

Udfordringen var større end forventet, for hvordan får man en stille, gemytlig og introvert person til at tale om sig selv, sit liv, sin musik og sin karriere helt generelt?

Mange mennesker vil kigge på ovenstående karakteristik og tænke, at et sådant menneske måske også ville være uden ambition, selvtillid og engagement. Intet kunne være længere fra virkeligheden, for Per har så mange karaktertræk, der vidner om præcis det modsatte.

Han tager sin musik seriøst, er kompromisløs omkring sine musikalske valg og han ville aldrig lave noget, som han ikke kunne mærke med hjertet. Det samme gælder for denne bog. Per har overrasket og imponeret mig. Han har været hudløs ærlig, en fantastisk fortæller og er en kæmpe inspirationskilde for sådan en som mig, der har mødt mange mennesker med en bog "i sig", men ingen som Per, der gang på gang viste mig tillid og aldrig lod sig selv, sit ego eller personlighed stå i vejen for at fortælle mig sandheden om sit liv.

Man kan ikke lave noget i fyrre år uden, at man ikke søger fornyelse og udfordringer. Per har været tro mod sig selv, sin musik og sin karriere. Han har vaklet, været usikker og taget mange chancer, men han har aldrig fjernet sig fra sit udgangspunkt: En livslang kærlighed til hiphop.

Det er derfor også en smuk og livsbekræftende krølle på denne historie, at Per er vendt tilbage til den glade, positive og dansevenlige afdeling af hiphop. Tilbage til rødderne. Tilbage til hvor det hele startede.

Dette er Grandmaster Dee Pee fra Soul Investors rejse. Dette er Dee Pee fra Rockers By Choice' oplevelser og dette er Per fra Amagers liv. Jeg har blot været turist og min opgave har primært været som redaktør på denne fantastiske scrapbog.

Jeg ønsker dig rigtig god fornøjelse. Hvis du bare får halvt så meget ud af denne bog, som jeg har fået – så kan jeg ikke ønske mere.

Tak til Per for tålmodigheden, for din ærlighed og for, at du var professionel og tro mod vores projekt på hele rejsen.

Du er en sand legende.

- Michael Sørensen, forfatter, redaktør og scrapbogsmekaniker.

<u>Blå Bog</u>

Navn: Per Pedersen
Alias: MC Dee Pee / Dee Pee / Grandmaster Dee Pee

Født: 21. juni 1965
Fødested: Amager
Bopæl: Tårnby

Skolegang:
Tårnby Skole
EFG Handel & Kontor
High School, Hilton, NY

Børn:
Marvin
Selma
Nicolai
Alexander

Dette er min historie

Dette er mine erindringer

Dette er mine minder

Alle historier har minimum to sider
Denne her bog er min side af historien

Peace, Unity, Love & Having Fun

Grandmaster Dee Pee

Per Pedersen

Amager

Jeg er født på Amager. Jeg er så gammel, at der rent faktisk
var fødeklinikker og man ikke skulle til Hvidovre eller
Rigshospitalet, hvis man var gravid og skulle føde.

Øen er i mit blod. Det er her, jeg har levet hele mit liv. Jeg
har ud over mine rejser kun haft en enkelt afstikker til
Nørrebro, men vendte hurtigt hjem igen. Det gør de fleste
fra Amager før eller siden.

Min forankring i Amager er ikke tilfældig. Min opvækst i
mine forældres hjem på Tårnby Torv blev muligvis over
tiden erstattet af andre adresser på øen, men mine forældre
bor stadig på Tårnby Torv. Sådan er det bare på Amager.

Jeg gik på Tårnby Skole. Jeg boede 300 meter fra skolen. Var
jeg syg, kunne jeg stå derhjemme og kigge over på mit
klasseværelse. Det var en enorm tryg opvækst, som skabte
grobund for så meget for mig, at jeg ikke engang ville kunne
beskrive det. At kunne komme hjem den dag i dag – og
stadig kunne besøge mine forældre i mit barndomshjem er
en vild følelse, som jeg sætter meget pris på.

I manges optik var Amager jo bare en lorteø, hvor ingen gad
at bo. Her var kun sociale tilfælde, alkoholikere og
arbejdsløse i Sundby, de finere ude i Dragør og så
bonderøvene fra Vestamager. Så var der det kedelige og grå
Tårnby, som ingen rigtig interesserede sig for. Alle de
fordomme har aldrig interesseret mig.

For mig er Amager så mange ting. Det er en smeltedigel af forskellige mennesker, som hver især er unikke – men alligevel står vi sammen. Amager mod resten af verden er måske lidt groft trukket op, men der er alligevel noget om snakken. Det usynlige bånd, man har med hinanden, når man kommer fra Amager, eksisterede allerede, da jeg var dreng og det gør det også i dag.

Båndet mellem folk fra Amager, kom også til syne dengang med Rockers By Choice. Fællesskabet på Amager blev hyldet gennem musikken og fællesskabet gav os så meget kærlighed tilbage, at man stadig møder folk, der mener, at Rockers By Choice gav Amager noget positiv identitet.

Den gamle vittighed med, at man bare kan kappe broerne, for vi skal nok klare os herude på Amager, står stadig til troende. Vi har jo lufthavnen, vi har Amager Strand og man kan opleve al den natur, som man overhovedet orker, hvis man tager turen ud til Kongelunden eller de store naturområder på Vestamager.

Nu er Amager så pludselig blevet urbant med Field's, Strandparken og hele Ørestaden. Det er blevet så populært at bo på Amager. Byen er kommet tættere på og det går ikke ubemærket hen. Det kan jeg godt mærke. Man kan ikke stoppe fremskridtet, men jeg er da ked af, at butikslivet på Amager med den charme, som jeg har oplevet gennem hele mit liv, forsvinder. De små butikker bliver opsagt, for at gøre plads til større og vildere indkøbsmuligheder.

De små tidslommer forsvinder, fordi byen spiser Amager. Det kan godt genere mig, selv om jeg godt er klar over, at jeg intet kan gøre ved det.

For ikke så lang tid siden, så jeg en liste over de mest attraktive steder at søge bolig i København og omegn. Dragør lå nummer et og Tårnby lå sjovt nok nummer to. Det er meget vildt at tænke på. Var nogen kommet op til mig for fyrre år siden og fortalt mig, at Tårnby ville blive et af de mest attraktive steder at bo, ville jeg have grinet af det.

Amager er også rummelighed. Der har alle dage været plads til alle slags mennesker. Det er også derfor, at kulturen har gode betingelser på Amager. Det oplevede jeg på egen krop, da jeg på Tårnby Torv manglede et sted at øve, danse og dyrke hiphopkulturen. Vi spurgte bestyrelsen i boligforeningen, om vi ikke kunne få et rum, hvor vi kunne øve breakdance og opholde os. De sagde uden videre ja, så det gav os jo uanede muligheder. Vi havde vores eget rum med graffiti på væggene og linoleum på gulvet. Vi indrettede endda en lille bar med DJ-pult, så pludselig havde vi vort eget lille South Bronx i en kælder på Tårnby Torv. Det var der ikke mange, der kunne prale af at have.

Det var et fantastisk sted, hvor vi kunne få lov at være fra morgen til aften. Jeg har brugt så mange timer på at øve og blive bedre i det kælderlokale. Det var et fristed i en tid, hvor den slags ikke blev prioriteret nogen steder. Man viste os tillid og vi kvitterede ved at gøre stedet til vores eget.

At det skulle ende med at blive et slags stoppested for kulturen på Amager, anede vi ikke dengang. Det blev det imidlertid, for stedet opnåede en slags kultstatus for de tidlige dage i dansk hiphop, som blandt andet DR var nede og dokumentere. At der så endda kom store navne fra både England og Sverige og breakede dernede gjorde ikke stedet mindre legendarisk.

Så Amager kunne også rumme at være hiphoppens undergrund tilbage i 1983, da vi ikke anede, hvad dansen, musikken og kulturen skulle blive til. Generelt rummede Amager plads til unge mennesker. I 1981 gik jeg på ungdomsklubben Stjernen, hvor jeg fik lov til at være DJ. De havde et diskotek i rigtig old school stil med discokugle og lys i gulvet. Så fik vi et gavekort på 100 kroner til en pladebutik, som en erkendtlighed og tak for hjælpen. Så kunne man stå der på Stjernen og vende plader og suge al musikken til sig. Som en del af Rockers By Choice, har Amager også givet rigtig meget. Vi var stolte af vores ophav og viste øen vores stolthed. Den respekt har vi fået betalt tilbage af Amager mange gange. Amar er #1 var en sang, som det lokale ishockeyhold Amager Jets løb på banen til – og er samtidig en sang, som nærmest er blevet Amagers nationalsang.

I sidste ende er Amager bare en så stor del af mit liv, min historie og min musik – og jeg vil altid være en del af Amager. Det er her jeg er født. Det er her jeg skal dø. Det er jeg overhovedet ikke i tvivl om.

Tårnby Torv 1967

Foto: Kurt Haugaard

Hilton, NY 1982

Foto: Privat

Rochester, New York 1982

At komme til USA var min store drøm, som eksisterede lige fra jeg var en lille dreng. Jeg ville over til en verden, hvor alting var større. Når man bor i de leverpostejsfarvede halvfjerdsere, som jeg oplevede lille Danmark som, så var det her med USA en kæmpe fascination. Efterhånden som jeg gennem mine teenageår blev mere og mere glad for soul, funk og disko – jo mere ville jeg bare gerne til USA. Det blev i mit hoved synonym med det sted, hvor den slags musik levede, så derfor måtte jeg bare derover.

Da jeg blev gammel nok, spurgte jeg mine forældre, om jeg ikke måtte komme på High School i USA. Det var i 1982 og dengang skulle man igennem en masse prøver, for at komme over og gå et år i skole i Amerika. Når jeg blev spurgt om, hvor jeg gerne ville hen, var jeg aldrig i tvivl. Jeg ville til New York. Det var byen, man kendte fra fjernsyn, reklamer i blade og magasiner og der hvor musikalske drømme blev til virkelighed. Så det var bare stedet for mig. Jeg kunne slet ikke forestille mig, at USA var andet end New York. Selv om jeg kendte navnene på mange af byerne, stod de for mig bare som mindre udgaver af New York

Problemet var, at det var et lotteri, hvor man kom hen i USA, så det var på ingen måde sikkert, at jeg ville lande i New York. Det kunne lige så vel have været Californien eller Florida, som slet ikke havde samme tiltrækningskraft.

I foråret 1982 fik jeg besked om, at jeg var blevet godkendt og optaget. Jeg skulle bo hos en familie i en lille by, der hed Hilton i staten New York. Byen lå små tredive kilometer fra Rochester, som er en af staten New Yorks større byer. Jeg anede ikke, hvad jeg kunne tillade mig at forvente, men det jeg kom over til, kunne jeg umuligt have forventet i forvejen.

Jeg skulle flytte over til Familien Russell, der udover mor og far bestod af to drenge. De boede ude på landet og faderen William arbejdede for General Motors. Området var omgivet af majsmarker, så der var ikke meget New York City over det område. Jeg var i den grad kommet på landet, hvor alting gik langsommere end i byen. Drømmen om at komme over til fuld fart og action, blev erstattet af en by og et område, der helt sikkert kørte i endnu langsommere fart end Amager og Tårnby.

Det var en fuldstændig syret oplevelse at tage af sted på den måde. Året var 1982 og folk rejste ikke rundt på samme måde, som man ville gøre det i dag, hvor planeten er blevet så meget mindre med flyrejser og destinationer alle vegne. Det med at flyve var noget, som man enten gjorde, hvis man var meget rig – eller hvis man fløj på charterferie med Tjæreborg eller Spies. Det med at krydse Atlanterhavet var bestemt ikke alle forundt.

Jeg havde jo aldrig været alene væk hjemmefra i så lang tid før, så jeg var pludselig meget langt fra familien og Tårnby Torv.

Jeg var en introvert knægt, så det var lidt af et spring, at bare sådan hoppe ud i livet og flytte til USA. At bare sådan flytte over til mennesker, som jeg overhovedet ikke kendte. Det var også lang tid før internettet, så det med at skulle være i et andet land med et andet sprog, var også en stor udfordring for mig. Verden var ikke helt så international, som vi alle kender og oplever den i dag.

Da jeg endelig stod ude i lufthavnen og var klar til at forlade Danmark, stod min mor og far klar til at sige farvel. Det var her virkeligheden for alvor bankede på. Det var meget mærkeligt at køre op ad rulletrappen med tanken om, at jeg først ville se min familie tidligst et år senere.

Da jeg så stod der og ventede med sommerfugle i maven og den begyndende uro over, hvad der måtte vente, kom jeg i snak med en jævnaldrende knægt, der var svensker og også skulle til USA. Han hed Emrik Larsson og kom fra Gøteborg. Han var, ligesom jeg, helt vild med skateboard, så vi faldt hurtigt i snak om alting og ingenting. Vi begyndte så at snakke om musik, hvor det viste sig, at Emrik også hørte gammel funk og soul. Det var der ikke vanvittig mange, der gjorde på det tidspunkt, så pludselig var jeg ikke helt alene på rejsen til det forjættede land. Da vi landede i USA, blev vi så skilt ad. Emrik skulle til en familie tættere på Rochester, hvor jeg blev hentet af min værtsfamilie fra Hilton, New York.

Allerede i bilen tilbage fra lufthavnen gik det op for mig, at jeg i den grad var kommet lidt på udebane. Temperaturer, målestok og kulturen var bare helt anderledes. Familien spurgte jo til vejret i Danmark, hvor jeg naturligt svarede 17 grader, som jo er gennemsnitligt dansk sommervejr. Jeg tænkte bare ikke over, at det i fahrenheit svarer til minus 8 grader, så de stakkels amerikanere var jo ved at dø over, hvor kold sommeren var i Danmark. Uden internet, mobiltelefon og andet elektronik, måtte jeg lære den slags på den hårde måde, som jo som regel er ved at dumme sig og blive rettet på. Heldigvis var de fleste amerikanere meget imødekommende, så de lærte mig tingene stille og roligt uden, at jeg skulle føle mig helt til grin.

Det var verdens sødeste værtsfamilie. De åbnede deres hjem for mig og jeg følte mig særdeles godt tilpas hos dem. Det naturligste i verden, som det jo er for mange, ville være at finde sammen med de andre udvekslingsstudenter fra Danmark og Sverige, der holdt til og boede i området. Det gjorde jeg også, men jeg prøvede virkelig at bruge tid på amerikanerne, for det var jo derfor, at jeg var taget derover.

Det første store kulturchok for mig var, da jeg tændte for familiens tv. I Danmark havde vi en tv-kanal og alt efter, hvor man boede i landet, kunne man se svensk eller tysk tv. Derovre var der et kæmpe udvalg af tv-kanaler, som kulturelt bevirkede, at folk så mere fjernsyn. Det kunne man ikke så godt i Danmark, hvor programfladen først startede kl. 17.00 og sluttede ved midnat.

De begrænsninger var der slet ikke i USA. Det næste var radiostationerne. Der væltede jo god musik ud af tonsvis af radiokanaler, som igen stod i stærk kontrast til, hvad jeg kendte fra Danmark. Her havde vi P1, P2 og P3, hvor kun sidstnævnte spillede populærmusik mellem kl. 15.00 og 18.00. Ellers var man nødt til at gå på AM kanalerne og fange Radio Luxembourg og den slags. I USA spillede alle kanalerne bare fed musik og de sidste nye hits døgnet rundt.

Det var fagre ny verden for Per fra Tårnby. Der var fest og farver, kæmpe burgere og pizza og cola. Alt det, som vi tager for givet i den moderne og farverige verden i dag, men dengang var vores verden i Danmark hverken moderne eller farverig. Det var den i USA.

Min første jagt i USA var naturligt nok efter pladebutikker. Hvor kunne jeg finde den soul-funk musik, som jeg interesserede mig for? Hvordan kunne jeg opsøge koncerter og muligheder for at møde de typer, der havde samme interesse som mig?

Jeg lyttede meget til Radio WDKX 104 FM, der spillede præcis den slags musik, som jeg hungrede efter. Mine klassekammerater på High School var ved at dø, for de forstod ikke, hvordan en hvid fyr kunne lytte til sort musik. Der kiggede de virkelig mærkeligt på mig som om, at jeg helt havde tabt sutten. Så det måtte jeg gå stille med dørene med, for det var ikke særlig velanset i den lille by.

Det, der provokerede mig mest omkring musikken, var jo
også, at de samme mennesker, der ikke kunne forstå,
hvorfor jeg lyttede til sort musik, jo ikke overhovedet kendte
til den slags musik. De lyttede til country og rockmusik og
havde ikke brug for sådan at blande racer rent kulturelt. Jeg
købte også en WDKX 104 T-shirt, men turde simpelthen ikke
gå med den i byen. Det var Hilton, NY slet ikke klar til.

Jeg hørte jo så i radioen, at der var disse her kæmpe
rollerdiskofester, hvor unge mennesker rullede rundt på
rulleskøjter til høj musik og diskolys, som man ser det i
amerikanske film fra dengang. Det blev højdepunktet for
mine weekender, for min værtsfamilie kørte mig derhen,
hvor jeg så mødtes med Emrik. Så kunne vi ellers bare rulle
rundt i ring og høre den super fede musik, der blæste ud af
højtalerne.

Vi fandt så senere ud af, at der lå en rigtig spændende
pladeforretning i Down Town Rochester, så mine
forventninger til opholdet i USA blev hurtigt indfriet. Her
kunne vi lytte til og købe de nyeste hits, som jo kom i
butikkerne langt hurtigere end jeg var vant til fra
pladeafdelingen i Kaj Anthonsen Radio & TV på Tårnby
Torv.

En ny verden åbnede sig for mig. Jeg vidste ikke helt, hvad
der var ved at ske med mig, men uanset hvad det var, så
føltes det virkelig godt. Jeg var stille og roligt ved at modnes,
for livet i Hilton passede mig rigtig godt.

At jeg senere under mit ophold i USA, skulle finde en identitet, som jeg stadig spejler mig i fyrre år senere, anede jeg ikke på det tidspunkt.

HOS EMRIKS VÆRTSFAMILIE ROCHESTER 1982

Foto: Emrik Larsson

Detroit, Michigan 1982

Foto: Privat

New York City, september 1982

Efter et par uger i Hilton, hvor man lige skulle vænne sig til alting, skulle alle os udvekslingsstudenter en tur til New York City. Vi var en broget flok fra hele Skandinavien, som skulle mødes og det var kæmpestort for mig.

Det var ligesom at træde ind i en af de mange film, som jeg havde set fra New York. Det første indtryk var at alting bare var så kæmpestort. Larmen og lydbilledet alene var så ubegribelig anderledes end hvad jeg ellers kendte til. Hele smeltediglen af forskellige racer var også meget spændende og anderledes. Alle forretningerne var ekstreme, larmende og lyste op i neon alle vegne. Byen sov aldrig og der var et liv, som rakte langt over lukketiderne kl. 17.30, som vi jo opererede med hjemme i Danmark.

Lørdag aften skulle vi ud at gå en tur i byen. Det var en lun efterårsaften, hvor sommeren stadig havde et fast greb om byen. Vi var på vej ned mod Central Park. Vi kunne se, at der stod en masse mennesker samlet længere fremme, så der måtte vi over at se, hvad der dog foregik. Da jeg kom tættere på, kunne jeg høre denne her elektroniske og ret funky lyd. Den trak selvfølgelig endnu mere i mig, for der foregik helt sikkert et eller andet spændende.

Da jeg kom tættere på midten af forsamlingen, kunne jeg se, at folk havde dannet en rundkreds, hvor alle havde stimlet sig sammen om nogle mennesker, der lå og lavede tricks på jorden.

På dette tidspunkt var breakdance ikke en del af mit
ordforråd, men rytmen fra den enorme ghettoblaster havde
vakt min opmærksomhed. Senere fandt jeg ud at nummeret,
der bragede ud over os, var Planet Patrol med Play At Your
Own Risk. Det tog til gengæld også lidt tid at finde ud af, for
der var ingen mobiltelefon, som man lige kunne hive frem
og tjekke med, så det krævede, at man hørte nummeret igen
og kunne spørge ind til det.

Da jeg kom tæt på og så at de dansede breakdance, skete der
et eller andet inden i mig. Jeg mærkede et eller andet, som
jeg stadig kan fremkalde i dag. En spænding eller elektricitet
i min krop, som aldrig rigtig gav slip på mig igen. Jeg kan
endda lukke øjnene og se det hele for mig, høre lydene og
mærke duften af New York den september i 1982.

Hvis man ikke selv har prøvet det, har man nok heller ikke
meget til overs for det, men det var virkelig en åbenbaring
for mig. Musikken og dansen kaldte på mig. Selv, da jeg stod
i situationen, havde jeg nok sans i hovedet til at tænke, at det
var så sindssygt, at jeg stod og oplevede dette her med mine
egne øjne og ører.

Jeg fandt jo senere ud af, at det præcis var den sommer, hvor
breakdance havde bevæget sig fra undergrunden til
mainstream, så jeg kunne ikke have besøgt New York på et
bedre tidspunkt. Tingene havde bredt sig fra Bronx til
Manhattan, da der var flere turister, som man kunne slå for
en skilling med lidt høj musik og breakdance.

Det var i den grad den totale oplevelse for mig, der skabte kærligheden til hiphop for mig præcis den dag. Den fede electro, der senere blev vartegn for den tidlige hiphop. Tøjet, der bestod af smarte Adidas dragter, skibriller og Superstars sko kombineret med den levende dans på linoleum, rykkede fuldkommen mit univers til nye usete grænser. De var rumfolk, der var landet fra Planet Rock – og de kom for at invadere mit indre. En mission som de havde stor succes med.

Da vi så endelig forlod spektaklet ved Central Park, var jeg helt høj. Jeg kunne ikke få det ud af hovedet. Jeg kunne ikke sove om natten, for jeg lå bare og tænkte på, hvor vildt det hele var. Min bror har andetsteds beskrevet mit sind som hjernevasket af hiphop, hvilket måske er en lille overdrivelse, men alligevel nok er den bedste beskrivelse af, hvor forblændet jeg var blevet.

Det sjove var, at denne her helt unikke oplevelse, som var så særlig og speciel, ikke var helt så unik alligevel. Det viste sig meget hurtigt, at Emrik havde været lige så høj over, hvad vi havde set sammen. Han endte derfor også med at tage hjem og danse breakdance, hvorefter han begav sig ud i at lave musik – og stadig den dag i dag er aktiv. Derfor har han også været en del af flere af mine musikalske projekter sidenhen, for vi holder stadig kontakten efter fyrre års venskab.

Weekenden i New York sluttede og vi måtte tilbage til Rochester. Nu brændte der en ild i mig, som jeg ikke havde oplevet på samme måde før. Så Emrik og jeg måtte finde ud af, om der overhovedet var nogen i Rochester, der dansede breakdance – og hvor de opholdt sig, hvis vi også ville i gang. Det skulle ende med at give sig selv, for da vi var til rollerdisko en lørdag, så vi pludselig, at der foregik noget ovre i det ene hjørne af hallen. Der stod ganske rigtig nogle puertoricanere, der med pulserende strøm gennem kroppen lavede electric boogie. Vi stod lidt og lurede på dem, før vi fandt mod til at gå over til dem. Vi kom så i snak med et par af dem, så der stod vi så og prøvede at aflure deres moves.

Da jeg kom hjem til Hilton, skulle jeg jo finde ud af, hvordan pokker man lavede alle de forskellige ting med kroppen. Så jeg fik lov til at låne kælderen hos min værtsfamilie og så lå jeg ellers hver dag og øvede og øvede. Så var det ellers i gang med at knække koden for, hvordan man kunne få det til at se rigtigt ud og det tog rigtig mange timer i en kælder ude midt på landet. Det kunne ikke være længere fra Bronx, ghetto og sorte breakdancere, men jeg kløede på og blev ved.

Emrik og jeg blev både klogere og bedre, som tiden skred frem. Vi mødte troligt op til rollerdisko om lørdagen, så vi kunne snakke mere med de fyre, som vi havde lært at kende. Jeg fandt også ud af, at jeg kunne bestille plader fra en pladebutik i New York.

Her fik jeg bl.a. Afrika Bambaataa og Jonzun Crew, som var noget af det første electro hiphop, der kom før rap musikken og havde rytme, som man kunne danse til for alvor.
I sidste ende kom turen til USA til at blive min pilgrimsrejse. Det var her jeg så lyset. Det var her jeg så hiphop for første gang. At jeg så var der på det helt rigtige tidspunkt, hvor også amerikanere overgav sig til denne nye kultur, kunne ikke have været mere perfekt. Jeg tog en masse oplevelser til mig, slæbte en masse musik med hjem og observerede en masse ting, som jeg fik lært og kunne tage med hjem i bagagen.

Da jeg kom hjem, var jeg aldrig i tvivl om, hvad jeg ville. Jeg ville være en del af det miljø, den dans og den musik, som jeg havde fået ind under huden den dag i New York City.

Pacman med Daryl – Hilton 1982

Foto: Privat

Pladejagt i USA 1982

Foto: Emrik Larsson

Emrik & Per Rochester 1982

Foto: Privat

Begyndelsen

Da jeg kom hjem til Danmark i 1983, havde jeg så meget blod på tanden. Alle mine oplevelser skulle lige fordøjes, for den kulturelle forskel jeg havde oplevet, satte sig først i kroppen, da jeg var kommet hjem.

Jeg havde danset breakdance og electric boogie i Rochester. Jeg havde battlet med nye venner fra Mellemamerika, der jo satte dagsordenen for de nye danse, da de kom med en masse rytme i kroppen fra barnsben. Når man har dans i sin opvækst og i sin DNA, så er der bevægelser, der er meget mere naturlige. Det kan man ikke ligefrem påstå om os stive skandinaver.

Jeg havde konkurrencementaliteten med mig hjem. For at klare sig derovre, skulle man øve og forbedre sig hele tiden. Der var det ikke nok bare at være nogenlunde, for de her fyre fra blandt andet Puerto Rico, kunne bare sætte folk på plads.

Mange er jo fejlagtigt af den overbevisning, at det udelukkende var afrikanske amerikanere, der startede med at danse på gaden. Sådan var det slet ikke, for de bydele, hvor musikken blev omsat til dans, var lige så meget beboet af folk fra Latin- og Mellemamerika, som generelt går under navnet Hispanos. De første helt store mainstream navne var Rock Steady Crew, som jo næsten udelukkende var folk med baggrund fra Puerto Rico.

Crazy Legs fra Rock Steady Crew var blandt mine favoritter dengang, for han kunne ting, som ingen andre kunne gøre ham efter.

Der var til gengæld ingen forskel på at komme hjem til Danmark, og blive fordømt socialt på grund af kærlighed til dans og musik, som Danmark jo ikke rigtig var klar til i 1983. Den følelse genkendte jeg fra USA, hvor det til gengæld var de sorte og Hispanos, der havde lidt svært ved at acceptere, når Per fra Tårnby lyttede til deres musik og dansede deres dans.

Problemet i USA var også, at jeg jo heller ikke kunne tale med de hvide amerikanere, som jeg havde lært at kende, for de havde lige så lidt forståelse for, at jeg havde krydset en usynlig kulturel barriere. Når man lærte folk i breakdance og electric-boogie kulturen at kende i USA, kunne de jo godt se, at jeg ikke gjorde grin med dem eller deres dans. Derfor vandt jeg med tiden deres respekt, for der var jo meget stolthed forbundet med den dans, som de mente at have patent på.

Fordommene stod jo også i kø herhjemme. Danmark føltes mere grå og trist end nogensinde før, da jeg var tilbage i Tårnby. Jeg ville gerne fortsætte den rejse, som jeg havde startet i USA, men hvordan gjorde man lige det?

Jeg kom jo ud af lufthavnen i Kastrup, som en helt anden udgave af mig selv.

Jeg havde skiftet tøjstil og bar på en kæmpe ghettoblaster. Jeg havde nok også fået en anden selvtillid – også selv om den ikke stak dybere end den slags nu gør, når man er 18 år gammel. Jeg havde opbygget en identitet, hvor jeg kunne se på mig selv på en helt anden måde. Jeg havde en mission i tilværelsen. Jeg havde været en del af noget nyt, noget anderledes og noget, som jeg vidste ville blive stort i hele verden.

Min familie og mine venner var jo enormt nysgerrige på, hvad jeg havde oplevet og set. Det var 1983, så man kunne ikke bare e-maile og man ringede bestemt ikke bare hjem, når man havde en smule hjemve. Det havde også givet mig noget at have stået på egne ben på den måde i et helt år.

Når man siger, at folk tager på dannelsesrejse, når de rejser ud i et helt år, så er det ikke ved siden af. Man bliver voksen meget hurtigt, når mor og far ikke står to meter væk og er klar til at gribe dig, hvis du skulle falde eller snuble. Jeg har aldrig tvivlet på, at det var rigtig sundt for mig på alle måder. At komme fra en tryg opvækst, hvor man nemt kan blive pakket ind af sine omgivelser - til at stå i et fremmed land, uden den helt store opbakning er virkelige en proces, som mange ville kunne drage fordel af resten af deres liv.

Kort tid efter min hjemkomst, fortalte min bror mig, at der var en lille klike af unge mennesker, der lå og dansede inde på Strøget ved Burger King hver fredag aften.

Det var Ken "The Duke" som er en ikonisk figur indenfor bl.a. hiphop, som havde spurgt min bror, om han ikke kunne hive mig med ind på Strøget.

Så jeg tog ind og blev en del af alt det, som på mange måder var den spæde begyndelse for breakdance på offentlige gader og stræder i København. Jeg kunne hurtigt mærke, at jeg havde en fordel af, at jeg havde været i USA, for både på musikken og på moves, kunne jeg lige lidt mere end de andre. Generelt gik udviklingen rigtig langsomt, for man havde meget få muligheder for at lære nye ting, men især i Danmark var tingene jo ikke kommet i gang.

Problemet for scenen på det tidspunkt var, at man skulle være heldig og fange et klip i TV-avisen eller lignende, hvor der blev rapporteret fra USA for overhovedet at kunne se breakdance og electric boogie. Musikvideoer blev jo sjældent vist på dansk tv, der dog havde vist en video med Gladys Knight, hvor der lå folk og breakede. Så da jeg kom hjem med nye moves og musikken, kunne jeg godt se, at jeg var et par skridt foran.

Der skete så lidt mere efter Malcolm McLarens hit Buffalo Gals som markerede, at kulturen for alvor var kommet til England og bredte sig over Europa. Det betød også, at der pludselig var engelske breakere, der begyndt at komme til Danmark og optræde. De københavnske diskoteker og modeshows begyndte at bruge breakdance som underholdning.

Så der kom folk fra England og optrådte til mange af den slags ting, for ligesom med alt muligt andet, så var det modeshows, der adopterede electric boogie og breakdance til almenheden i København.

Efterspørgslen efter os kom også hurtigt. Vi optrådte og dansede til mange modeshows rundt omkring i byen. Vi var klar på det hele, så vi tog al den opmærksomhed, som vi kunne få. Vi stod blandt andet i et vindue til Mix Shop på Vesterbrogade i samfulde otte timer og lavede moves. Så fik vi lidt trøjer og lidt andet for det.

Dengang bestod gruppen af Ken "The Duke", min bror, Phase 5, Finn Snor og jeg selv. På samme tidspunkt begyndte små grupper at samle sig. Der var City Breakers, som var fem fyre fra Filippinerne. De havde enormt meget rytme og var ret gode. De rendte rundt i åndssvage kinasko, så det blev pludselig noget man gik i, hvis man gerne ville i gang med at danse. De rendte også rundt med hvide handsker og moonwalkede i bedste Michael Jackson stil. Deres stil var nok den, som hurtigst blev adopteret af folk i provinsen. Jeg var overrasket over, hvordan kinasko fra Irma og hvide bomuldshandsker fra apoteket blev standarduniformen for en masse dansere rundt omkring i Danmark.

Udover City Breakers var der et par andre grupper. Der var blandt andet en gruppe jugoslaver, som også var en del af det miljø, fordi de i forvejen holdt til på gaden.

Mange af dem havde jo før bevæget sig i bander, hvor der foregik knivstikkeri og den slags. De blev mere og mere opløst og erstattet af grupper af breakere, der kommunikerede med mere fredelige fremgangsmetoder end stikvåben. Nu kunne de battle andre breakdancere i stedet – og endda helt uden vold.

Generelt var der plads til alle. Man kunne være sort, brun, hvid eller grøn. Man kunne være en skæv eksistens eller en værre blærerøv. Der var plads til alle uanset, hvad de hed, hvad deres far lavede og hvor mange penge de havde. Kulturen fungerede også som et net for mange unge, der ikke havde det så nemt. Man kunne sagtens finde sig selv gennem musikken eller dansen, selv om man var enspænder i skolen. Sådan er det med hiphop. Du kan være introvert, i psykisk ubalance eller tidligere straffet. Du må godt være her! Det samme gjorde sig gældende for alle de kreative typer, der før havde måtte sidde og tagge deres kladdehæfter. Nu kom der en kultur, hvor de kunne udtrykke sig med spraydåser på gaden. Det var ikke en revolution, men vi brød med normerne på en helt ny måde. Det grå København blev en tand mere farverigt – og rytmerne fra ghettoblastere overdøvede de sædvanlige gadesangere, der brægede gamle slagere for at tjene et par kroner.

Vores kultur med ghettoblasters, høj musik og dans i gaderne var også et spejlbillede af fattigfirsernes slidte udtryk.

I 1983 var København endnu ikke kommet i gang med byfornyelse, så billige faldefærdige lejligheder var normalen. Der var stadig arbejdere i hovedstaden og en enorm arbejdsløshed. Danmark kørte med kartoffelkur og smalkost, så vi levede i et tidsbillede, som passede rigtig godt med graffiti og den tone, der også fulgte med kulturen. De forskellige grupper af breakdancere på gaden afspejlede de kulturelle og sociale udfordringer, som hovedstaden led under. Vi havde muligvis ikke ghettotilstande, men fattigdom og arbejderkultur var til at få øje på.

Udveksling af information gik fra mund til mund. Man lærte om nye dansere, ny musik eller nye battles på gadeplan. Hver aften havde sin historie og mange myter blev skabt i denne periode. Jeg var vidne til de fleste og kan med sikkerhed sige, at hele hønsehuse er blevet bygget på ganske få fjer, når det kom til historierne om Boogie Preben, knivstikkerier og andre voldsomme historier fra Strøget. Der foregik naturligvis altid en del drama, når så mange unge mennesker var samlet, men det var altså langt fra så dramatisk, som de myter jeg indimellem må afkræfte, når de bliver forelagt mig.

Det var sjovt og spændende det hele. Populariteten for kulturen tog til og snart var vi rigtig mange, der hang ud foran Burger King på Strøget. Det blev med tiden enormt seriøst og snart var vi en del af en rigtig kultur. Dansk hiphop var født.

Floormasters CPH 1985

Foto: Privat

Gadedans

Det har alle dage været svært for teenagedrenge, at sådan stille sig op og danse. Unge drenge, der ikke har styr på deres lemmer, er enormt bevidste om, hvor akavede og kejtede de kan se ud på et dansegulv. Det var ikke anderledes for os. Hiphoppen kom jo på ryggen af hele diskodansen, som bestemt ikke var noget en teenagedreng bare begav sig ud i. Slet ikke, hvis man kom fra Amager. Pigerne var muligvis vilde med John Travolta og Saturday Night Fever, men vi drenge kunne bedre lide musikken og var bestemt ikke interesserede i dansen.

Der skete et skift med breakdance. Der fulgte nemlig en stil med. Vi kunne selv bestemme hvad for noget tøj, som vi skulle have på. Vi så op til idolerne fra USA og det var folk som Rock Steady Crew og New York City Breakers. Vi iførte os skibriller, skihuer, Kangol hatte og pelsjakker. Det var Adidas sko, hvide handsker og kunne man finde et par seje robotbriller, tog man også dem på.

Vi gik også i Adidas sæt, som i dag jo er hel legitim og normal påklædning, men dengang forbandt man jo tøjet med en eller anden sport. Det var bestemt ikke hverdagstøj. Man blev tit mødt af folk, som troede man var på vej til håndbold eller badminton, fordi man kom gående i sit Adidas sæt. Det blev også påpeget, som en kulturel forskellighed, når vi optrådte med breakdance og electric boogie på Danmarks Radio. Værterne forstod det ikke.

Tog vi så samtidig også skibriller på, som man jo ret beset ikke kunne se ud af – kombineret med en pelsjakke med en kæmpe krave, så gloede folk på os, som om vi var fra en anden planet, når vi kom valsende ned ad Strøget. Folk forstod ingenting. Vi er tilbage i 1983, hvor Danmark er leverpostejsfarvet og det meste er totalt kedeligt. Pludselig kommer der en stil og kultur, som er så meget anderledes.

Vi var til gengæld også meget bevidste om, at tøjet og kulturen var så nyt og anderledes, at attituden, der automatisk fulgte med, udelukkende fungerede, når vi var i flok. Der var noget unisont i at være en kæmpe flok unge mennesker, der kom gående sammen. Ikke at vi på nogen måde var truende eller ville ligne en bande, men som alle andre outsidere var der styrke i samhørigheden i den samlede flok. Det blev forstærket, når vi så musikvideoer fra New York, hvor mange bands jo ofte gik i kæmpe grupper, som vi jo så imiterede rundt omkring i de københavnske gader.

Det var ikke fordi, at nogen lavede grin med os, som jeg husker det. Men der var en klar forskel på at komme gående med alle vennerne og så skulle hente en pose chips ene mand. Folk gloede jo. Det var man så meget mere opmærksom på, når man var alene. Vores værste fjende var ikke folk på gaden, selv om de måske kiggede skævt til os. Det var alle de fine folk på aviserne og i medierne, der havde ufattelig mange meninger om os, vores dans og kulturen. Det blev modtaget som en dille, der ville gå væk.

En døgnflue, som et ding bat eller en Coca-Cola yoyo. Vi var jo konstant udfordret af folks meninger, der gik på, at København og Amager jo ikke var Bronx og derfor var vi uægte. Det var frustrerende, for selv om vi på ingen måde følte os som unge sorte arbejdsløse fra New York, så havde vi noget på hjerte og ville en hel masse med graffiti, breakdance og musikken. Vi løj jo aldrig om, hvem vores forbilleder var – eller hvor musikken kom fra. Vi havde bare en egen identitet omkring hiphoppen, som der skulle gå lang tid før nogen rigtig forstod.

At beskylde en ungdomskultur for at være et plagiat eller falsk er det værste, man kan byde unge mennesker. Det skete også for os. Der kom en kløft mellem os og finkulturen, som mest af alt bundede i uvidenhed. Det var en kamp, som vi kun kunne tabe, men ikke desto mindre var enormt bevidste om. Vi udfordrede konstant det etablerede kulturliv, der slet ikke ville tage os alvorligt.

Den holdning til hiphopkulturen fortsatte jo, da vi begyndte at udgive musik, så det tog årtier før hiphop blev egentlig accepteret blandt kultureliten.

Miljøet for at danse på gader og stræder eksisterede heller ikke i København. Det er vigtigt at huske på, at de andre subkulturer i Danmark jo var så meget anderledes. Punkerne kørte deres egne ting og rock-typerne var jo ikke synlige på samme måde. Så var der diskerne, som vi jo på mange måder var nært beslægtet til musikalsk og kulturelt.

De stod jo ikke på gaden og dansede, for forskellen på
hiphop og disko var jo netop, at de diskoteker, der var
forbeholdt diskomusikken, blev holdt ud i stiv arm af
hiphopperne. Derfor måtte hiphoppen tage til takke med
gaderne. Sådan var det alle vegne og det var ikke anderledes
for os i København. I hvert fald ikke det første stykke tid.

Udviklingen fra diskotek til gadedans kom også til udtryk i
musikken. Rappen startede jo som en fest, hvor man med
rytmer fra diskomusikken lavede sjov i gaden. Da musikken
så røg på gadeplan med de hårde beats fra electro, skete der
et kæmpe skift i kulturen. Musikken egnede sig pludselig
mere til ghettoblasteren kombineret med breakdance på
gaden med et underlag af pap og linoleum.

Thomas P. Hejle

Mange vil påstå, at ungdomsklubben Thomas P. Hejle ved Nørreport var dér, hvor hiphop startede. Det er ikke helt rigtigt. For før det hele stak af inde i byen, var der electric boogie og breakdance arrangementer i ungdomsklubben Stjernen, der lå på Tycho Brahes Allé på Amager.

I Stjernen var der Jams før P. Hejle
Grupper øvede breakdance foran spejle
Amar er #1 / 1988

Der var dog så mange kreative kræfter på Thomas P. Hejle, at man hurtigt fik bygget noget stort op. Man øjnede meget tidligt at lave et samlingssted for en kultur, der var på vej frem. Samtidig lå det så centralt, at det hele bare gav mere mening.

Når jeg kigger på Metroen, betonen og de fede stationer, tænker jeg, at de kom fyrre år for sent. Hvor ville det dog have været fedt, hvis man havde kunne bruge stationerne som baggrund til hele kulturen på samme måde, som man gjorde i de store amerikanske byer. Det havde også været noget helt andet, hvis vi i bedste Warriors stil havde kunne tage Metroen ind til Thomas P. Hejle, for der var ikke meget street over os, når vi tog 33'eren til Rådhuspladsen.

Det der var med Thomas P. Hejle var, at man jo valgte at afsætte en hel sal til den nye kultur med electric boogie, breakdance og graffiti.

DM i Breakdance 1984

Foto: Kurt Haugaard

Det var en fantastisk idé og det viste også, at der var et konkret behov for et samlingssted. Folk kom fra hele provinsen – sågar fra Holbæk, Køge og Jylland for at være en del af kulturen på Thomas P. Hejle. På den måde blev stedet til hiphoppens højborg på alle mulige tænkelige måder. Det var i Thomas P. Hejle, hvor dansk hiphop blev udviklet.

Lokalerne i Thomas P. Hejle blev også stedet, hvor man skilte fårene fra bukkene. Her hyldede man dem, som virkelig brændte for hiphoppen. Det var dem, der deltog aktivt i de forskellige ting – og så var der alle dem, der stod og iagttog os fra sidelinjen. Miljøet blev ret hurtigt hårdt, for der var kamp om tingene derinde. Dansen var muligvis ny, men man skulle ikke tage fejl af konkurrencen blandt de forskellige crews. Man var konstant i udvikling, så det var vigtigt at være den første med et nyt trick eller move. Især husker jeg, at der var en kamp om, hvem der først fik styr på at lave en Wind Mill - eller helikopteren, som den hed på dansk.

Man skal huske på, at der dengang ikke var noget internet, som man lige kunne søge på. Vi kunne ikke tjekke noget ud på YouTube eller lige google de ting, som vi skulle bruge. Vi måtte finde ud af tingene på den helt hårde måde. Man måtte optage en musikvideo fra tv og så måtte man sidde og kæmpe sig igennem det ene grynede slowmotionbillede efter det andet. Så selv om der var hård konkurrence, så gik tingene bare meget mere langsomt end i dag.

Det var en lang og sej kamp, for det var et spørgsmål om at være mest kreativ samtidig med, at man skulle knække koden for hvert eneste move med meget få virkemidler. Alligevel handlede det hele om at være først med det nyeste. Jeg kunne godt få ødelagt en nattesøvn med tanken om, at der lå en eller anden ude i Brøndby Strand, der havde haft succes med et eller andet, som jeg selv lå og kæmpede med. Det var vilkårene.

Når jeg tænker tilbage på miljøet på Thomas P. Hejle, tænker jeg tit på den hårde konkurrence. Der blev ikke givet ved dørene overhovedet. Det blev meget hurtigt sådan, at enten så kunne man noget eller også kunne man bare blive væk. Derfor blev det også til en tilskuersport, for mange turde simpelthen ikke at byde ind på dansegulvet. Der var mange heftige battles mellem de forskellige crews, som ofte var snublende tæt på slåskampe. Det nåede heldigvis aldrig dertil.

Så selv om at Thomas P. Hejle ikke nødvendigvis var først, så blev det stedet hvor dansk hiphops DNA blev grundlagt for alvor. Hiphop handler rigtig meget om at være original og have sin egen stil. Den tankegang blev skabt derinde ved Nørreport. Vi fandt os ikke i folk, der kopierede nye moves eller snød på vægtskålen. I hiphoppen hedder den slags et bite, så vi opfandt hurtigt en respons, der gik på at bide sig selv i hånden og sige ”Ahh Dér”. Da Nikolaj Peyk på et tidspunkt spurgte, om han måtte bruge det i en sang, sagde vi naturligvis ja.

Resten er historie, men udtrykket kommer oprindeligt fra de ophidsede battles på dansegulvet.

Folkene bag Thomas P. Hejle brændte også for projektet. Man gav plads til hiphoppen, der på det tidspunkt var dejlig uspoleret og naiv i sit udtryk. Det var nyt, innovativt og anderledes, så det blev også drivkraften gennem hele projektet. Det gør mig glad, at der stadig eksisterer hiphop derinde. Uden Thomas P. Hejle ville historien have været anderledes.

Thomas P. Hejle 1986
Foto: ukendt

Lars Ranthe og Mig 1985

Foto: Privat

DM i Breakdance 1984

Foto: Kurt Haugaard

Jeg Var Der

Det kan måske lyde slidt. Den synes jeg egentlig også, men det forandrer ikke sandheden. Jeg var der!

Der har været mange gennem tiden, der har påstået det samme som jeg. De var der også. Skulle det være i pagt med sandheden, ville der have været 200.000 mennesker i Idrætsparken den Grundlovsdag i 1985, hvor Danmark bankede Sovjet med 4-2. Der har heller ikke været tusindvis af unge, der tyrede mønter mod Boogie Preben på Strøget, selv om historien efterhånden er fortalt af så mange, at Boogie Preben umuligt kunne have overlevet det sande bombardement af mønter, som han ellers skulle have været udsat for. Det samme gælder for dansk hiphop. Mange påstår, at de var en del af begyndelsen, men meget få bakker det op med andet end ord. Vi var ikke tusindvis af unge, der var der dengang. Vi var faktisk rigtig få – men jeg var der!

Inden jeg bliver overfaldet og beskyldt for at være arrogant, skylder jeg en forklaring. En simpel forklaring endda. For jeg opfandt jo ikke hiphop i Danmark. Selvfølgelig gjorde jeg ikke det. Jeg påstår heller ikke, at jeg var bagmand for en større bevægelse, hvis eneste mål var at gøre hiphop til noget stort eller kommercielt. Det eneste jeg siger er, at jeg var der. Der er ikke noget gemt i ordene andet end hvad de betyder. Jeg var derimod ikke inde og se Danmark slå Sovjet i Idrætsparken. Jeg deltog heller ikke i latterliggørelsen af Boogie Preben, selv om jeg vidste at den fandt sted.

Men jeg var der, da hiphop i Danmark ramte en åre i en ungdomskultur, der manglede et projekt, der repræsenterede alle dem, der ikke var diskere, punkere eller rockere. Jeg var der, da musikken, dansen og graffitien med sin fest og farver udfordrede fattigfirsernes grå og trøstesløse hverdag. Jeg var der, da verden med et trylleslag blev mindre – og musik og ord pludselig transformerede sig fra at være en udtryksform for sorte mennesker i USA til at blive et verdenssprog, som mange unge kunne spejle sig i og forstå.

Jeg var der – og jeg ville ikke have undværet et eneste sekund af det.

Fra Breakdance til Fabelagtig Rocker

Jeg elskede at breake og lave electric boogie. Tiden gik og breakdance blev mere og mere anerkendt. På det tidspunkt ville jeg gerne videre. Faktisk lå det i kortene, allerede da vi lå og snurrede rundt ude foran Burger King, at vi ville mere. Meget mere.

I diskoteket på Thomas P. Hejle begyndte min bror og flere folk at spille hiphop plader og scratch blev mere og mere interessant. Så tanken om at lave rap kom lidt af sig selv. Der skulle ske noget nyt, for nu havde vi pænt meget styr på det andet med breakdance og electric boogie.

Så vi startede Fabulous Rockers sammen med Jørgen TNT, som også kom ude fra Tårnby og en fyr, der kaldte sig Funky Act. På dette tidspunkt tog min bror og jeg navneforandring til MC Dee Pee og Chief 1. Vi blev ret hurtigt enige om, at det kunne være fedt at tage det hele til det næste niveau. Især fordi, at vi følte, det kunne være meget fedt, hvis der kom noget andet end den amerikanske musik, som vi gik og lyttede til.

Så Jørgen TNT lavede et studie i køkkenet i sin lejlighed i Vinkelhuse på Amager. Det startede med en Roland 707 trommemaskine og så købte han et E-mu EMAX-keyboard og en Technics 1210 pladespiller.

Vi ville rappe på engelsk, for det eneste danske rap som var ude på det tidspunkt, var sådan noget latterligt musik, som intet havde med hiphop at gøre. Det var sådan noget Gunnar Nu, Mek Pek og Per Pallesen fjolleri, som ingen kunne respektere. Det var sjov og ballade for alle de involverede. Det var rigtige musikere, der gav rap et skud, som de tydeligt ikke tog seriøst overhovedet. De havde ingen naturlig indgangsvinkel til kulturen, som de jo i virkeligheden bare gjorde nar af.

Vi var til gengæld seriøse omkring den baggrund og historie, som vi jo allerede selv havde skrevet nogle betydelige kapitler til. Jeg skal gerne indrømme, at vi var vildt dårlige i starten. Det var på ingen måde nemt og de seksten bar eller seksten takter, som jo nærmest er religionen indenfor hiphop, havde vi svært ved at gennemskue. Vi kunne ikke spørge nogen til råds, så vi bestilte ikke andet end at lytte til de amerikanske forbilleder, som vi havde på det tidspunkt.

Det var en spændende tid, som også var frustrerende på mange måder. Det var, som det havde været med breakdance: En møjsomlig opgave at starte fra nul. Hvordan laver man en rap? Hvad gør man med et omkvæd? Vi var fuldstændig på bar bund, men kærligheden til musikken rykkede os fremad.

Det tog os næsten halvandet år at gå fra ingenting til noget, som vi følte, at vi havde nogenlunde styr på.

Alligevel lød det virkelig dårligt, for vi prøvede hele tiden at gå vore egne veje.

På et tidspunkt begyndte radiostationen The Voice at lave en mix-konkurrence, hvor DJs kunne sende forskellige mix ind. Så vi tænkte, hvorfor sender vi ikke en engelsk rap ind til dem? Det var der ikke nogen, der havde gjort før, så det gjorde vi.

Det blev ikke modtaget særlig positivt. Pludselig var der en rap gruppe fra Amager, der rappede på engelsk i radioen. Det ændrede på tingene og startede en lavine, for pludselig var der andre, der turde stå frem med deres rap musik. Det ændrer dog ikke på at Fabulous Rockers var det første stykke hiphop fra undergrunden, der blev spillet på dansk radio.

Vi nåede endda at spille et par koncerter til de legendariske break beat battles om fredagen inde på Thomas P. Hejle. Der stillede Jørgen TNT og jeg os op og rappede, mens Lars var DJ på scratch. Det endte han jo så med at blive fast i Rockers By Choice lige med undtagelse af et par afstikkere med eksempelvis Engel. Udover os tre havde vi også en fyr, der lavede human beatbox. Så det var i virkeligheden min debut som rapper.

Med en debut tilbage på Thomas P. Hejle i 1986, tillader jeg mig også i al beskedenhed at kalde Fabulous Rockers for den første danske seriøse originale rap gruppe.

Når man kigger ud i verden og især til USA, så var det jo
heller ikke fordi, at der var sket så meget derovre på det
tidspunkt. Her var det jo stadig electro hiphop, som folk
lyttede til. Den musik, der definerede næste generation af
hiphop, var ikke rigtig kommet frem endnu.

Jeg er godt klar over, at jeg provokerer og træder nogen over
tæerne ved at påstå, at vi var de første i Danmark. Det er jo
en gammel og slidt debat, der har raset lige siden dengang.

Jeg har det stadig sådan at skulle man sidde og føle sig snydt
for sin plads i historien, så må man som minimum komme
ud af hullerne og fortælle sin historie, spille sin musik og
gøre sig fortjent til at blive nævnt i den sammenhæng. Folk
der bare sidder og kæfter op uden at fortælle deres historie,
giver jeg ingenting for. Vi har i Rockers By Choice alle dage
været tro mod vores historie, har hyldet den fortid, som vi
var en del af – og behandlet vores kultur, musik og
hiphoppen med respekt.

Hvis man bare sidder og råber i et hjørne uden at ellers gøre
sig relevant, så fortjener man heller ikke at blive nævnt.
Generelt er der rigtig mange fra dengang, der sidder og er
indebrændte over, at de også lavede en rap, noget graffiti
eller breakede et eller andet sted. Det prøver jeg heller ikke
at tage fra dem, hvis de var en uge eller en måned før os. Jeg
kalder os jo netop den første seriøse rap gruppe, for vi tog
vores breakdance, electric boogie og musik - og fulgte den
helt til dørs.

Hvis andre har gjort det samme, så må de jo på banen, men indtil da holder jeg fast på min version og min historie. At nogle folk hader os andre, preller fuldstændig af på mig. Det gjorde det i midten af firserne og det gør det også i dag.

Vi måtte imidlertid rokere rundt på vores gruppe. Jørgen TNT var ikke helt så dedikeret til rap, som min bror og jeg, for han ville hellere DJ-vejen. Vi andre var ikke klar til at give op, for vi ville gerne forfølge det, som vi havde startet. Vi fandt hurtigt ud af, at det var en super fed måde at udtrykke sig på. Selv om vi kunne meget med linoleum og dans på Strøget, så var der bare meget mere bund i det med rap.

Jeg gik ud og købte en firespors båndoptager. Det var en Fostex, som kostede ti tusinde kroner. De penge havde jeg ikke, så den blev købt på afbetaling og endte med at koste mig tredive tusind kroner. Det var latterlig mange penge, men jeg var dedikeret, så på det tidspunkt var det den eneste mulighed og jeg betænkte mig ikke.

De fire spor på min dyrekøbte Fostex båndoptager gjorde, at vi havde spor til stortromme, snare, scratch og så vores rap. Det var ikke perfekt men det var en start - og var ikke desto mindre de første spæde rytmer til Rockers By Choice, som vi så havde at arbejde med.

Det var i 1987 at Lars og jeg fandt ud af, at der var et par stykker på Amager, der også rappede og ville lave musik.

De holdt til nede i Sundby Algård Ungdomsklub, så der måtte vi ned. Det var så Peder og Georgios, som havde en gruppe de kaldte Fierce MC's. Udover dem var der Øyvind, der også rappede, selv om han ikke for alvor var kommet i gang på det tidspunkt. De holdt alle til nede i en kælder, der hed Underground. Det var et rum på Sundby Algård, hvor der var graffiti, DJs og hiphopkulturen fik lov at leve.

Lars og jeg tog så ned og snakkede med Peder, Georgios og Øyvind. Det tog ikke lang tid, før vi fandt fodfæste, for kemien var ret god mellem os. De var alle sammen med på, at vi skulle lave noget sammen. Så på kort tid var vi gået fra to brødre til fem kammerater og det skulle vise sig at blive opskriften til succes. Pludselig havde vi lagt kimen til, hvad der skulle blive Rockers By Choice.

Electric Boogie Tårnby Torv

Foto: Kurt Haugaard

Per Pedersen 1982

Foto: Privat

Boogie by Night, Sleep by Day, Rockers By Choice
Det var fra en gammel t-shirt af rockbandet The Cult, der
lagde navn til, hvad der begyndte som Fabulous Rockers.
Men allerede da vi begyndte at rappe og lave vores musik på
engelsk, havde vi en linje, der gik sådan her: Since the dawn
of man, I've been a rocker by choice. Så i virkeligheden var
det et navn, der nærmest kom af sig selv.

Historien om hvordan vi fik en pladekontrakt er efterhånden
fortalt så mange gange, men i bund og grund var det jo
Kenneth Bager, som var helt vild med os. Han skaffede os
vores pladekontrakt på Virgin, hvor han arbejdede på det
tidspunkt. Vi fik, modsat mange andre kunstnere i den tid,
lov til at helt selv styre hvad vi lavede. Der sad ikke en på et
pladeselskab og styrede os på nogen måde. Det er i sig selv
lidt vildt, for dengang var musikbranchen jo mange steder
topstyret. Det hjalp jo så også, at vi havde Kenneth i vores
ringhjørne, for han var jo ikke en mand, der bare sad og
skulle bestemme. Det eneste var selvfølgelig, at vi skulle lave
vores musik på dansk, hvilket bestemt ikke var noget, som
vi brød os om.

Vi kom fra et miljø, hvor tingene fungerede i små rum. Det
var gadekulturen, der satte dagsordenen, så der var ret
meget kritik og hånlige kommentarer, da vi pludselig gik fra
undergrunden til noget så kommercielt som Virgin Records.
Det gjorde ikke tingene bedre, at den første single var Engel,
som bestemt ikke var særlig street for dem, som gerne ville
holde miljøet i undergrunden.

Mange mente, at vi havde solgt ud og nu havde dansk
hiphop solgt sin sjæl, men det gav vi ikke meget for. Hvem
kan sige nej til en pladekontrakt, når ingen nogensinde
havde taget musikken alvorligt? Hvad nyttede det at holde
musikken i undergrunden, hvis samme musik så skulle
behandles som useriøst i musikindustrien? Vi var meget
bevidste om, at vi var gået på kompromis, men vi var
omvendt modne nok til at vide, at vi ikke kunne ændre på
tingene ved at stå udenfor og råbe. Havde vi først en
pladekontrakt, skulle vi nok finde tilbage til den lyd, som vi
gerne ville stå for. Det gjorde vi også, for meget af kritikken
forstummede, da Opråb Til Det Danske Folk kom ud – og
folk opdagede, at vi var meget mere end Engel.

Vi lod os irritere rigtig meget af konstant at blive kaldt for en
døgnflue. Fansene elskede musikken, men industrien og
særligt de etablerede kunstnere havde nul respekt for os og
for musikken. Det hidsede os især op, hvis vi blev kaldt for
et boyband eller sammenlignet med New Kids On The
Block. Det var på ingen måde vores intention, men
popbladet Mix havde en fiks idé om, at de skulle
markedsføre os som boyband med idolplakater. I dag kan
jeg godt se, at især vores Troop jakker, der gjorde os til en
enhed, signalerede et eller andet i den retning. Dengang var
det bare irriterende og forstyrrende. At blive kaldt et
boyband trak os jo ind i den etablerede musikindustri, som
vi jo gerne ville adskille os fra. En tabt kamp på forhånd,
men vi var unge og naive – og Rockers By Choice ville meget
mere end at se seje ud på idolplakater.

Vi var naturligvis også meget anderledes end andre danske kunstnere. Dengang var det jo Thomas Helmig, Dodo og TV-2, der satte den musikalske dagsorden. Mange af dem var jo sure på os, for hvad sker der lige? Her kommer der fem drenge fra Amager, der hverken kan synge eller spille musik, men alligevel væltede vi Danmark med Opråb Til Det Dansk Folk og en masse attitude.

Vi blev også bedt om at varme op for Kasper Winding, som var vendt hjem fra USA – og havde lavet sin første plade på dansk i lang tid. Det var noget open air, så vi tog ud og fyrede den af og publikum var helt vilde. Resultatet blev bare, at alle skred da Kasper skulle på scenen. Det gjorde vi så på to forskellige jobs – og så gad Kasper Winding ikke det mere. Det var et meget godt eksempel på, at industrien ikke forstod, hvad de havde med at gøre, for det hele var så nyt og anderledes for dem. Vi havde en fest og vores fans festede med. Alle andre fandt os irriterende og ligegyldige.

Engel brød jo fuldstændig lydmuren for os, selv om det i virkeligheden er et popnummer mere end noget andet fra det første album. Engel var en omskrivning af Angie, som var et engelsksproget nummer, som vi havde lavet en demo af. Når jeg tænker tilbage, tænker jeg, at vi var modige og dumdristige. At Engel skulle blive vores første single, var et virkeligt stort sats. Det kunne være blevet et kæmpe flop – og hvor havde vi så været henne i dag? Det blev det gudskelov ikke og selv om vi indimellem har været trætte af Engel, skylder vi den sang en hel masse.

Jeg synes stadig, at Engel er et fantastisk nummer. Jeg har også lavet min egen udgave af det, som jeg spiller, når vi er ude med Soul Investors. Det er en helt anden version, men den fylder stadig meget i mig.

Jeg spiller også det gamle Rockers By Choice nummer Retro, når jeg er ude og optræde med Soul Investors. Der er ikke mange, der ved det, men det er et af mine gamle solonumre, der endte med at blive et Rockers By Choice hit, som jeg nu har taget tilbage i folden.

De to numre fungerer rigtig godt i det live-setup og med den musik jeg laver i dag, så derfor har de overlevet fra Rockers By Choice tiden. Jeg ved også, at Lars har fundet sine favoritter, som han indimellem fyrer af på scenen.

Opråb Til Det Danske Folk er skrevet af Øyvind og mig. På mange måder var det jo et banebrydende nummer, for det var den første rigtig vrede danske rap, som blev udgivet på plade. Den vrede stil smagte lidt af tidligt Beastie Boys, selv om det egentlig ikke var tiltænkt. Teksten endte med at blive ganske relevant, da de ting vi rappede om dengang, jo blev til virkelighed mange år senere. Det kom også bag på mange, at de samme fem drenge, som havde lavet Engel, pludselig sprang ud over kanten og lød som rigtig hiphop. Det er måske også det hiphopnummer, der kommer tættest på at lyde som et ungdomsoprør, som vores generation jo aldrig rigtig fik.

Vores tekster var jo på mange måder et produkt af den tid, som vi levede i dengang. Det var også et produkt af at bo og leve på Amager i firserne, som var en helt anden oplevelse, end det er i dag. Der var mange sociale udfordringer, som vi også havde tæt på livet. Arbejderklassen var dengang hårdtarbejdende folk, der måtte arbejde på fabrikker eller var håndværkere. Det var en anden tid, hvor tingene så anderledes ud, så derfor blev vores tekster også meget hårdere i udtrykket. Vi havde ikke kunnet skrive den slags tekster, hvis vi ikke havde været fem drenge fra Amager. Havde vi boet i Brønshøj, så havde tingene lydt helt anderledes. Det havde i hvert fald været mere kedeligt og knap så gennemslagskraftigt.

Rockers By Choice 1988

Foto: Benny Rasmussen

RBC møder NYC 1988

Foto: Privat

Rockers By Choice 1988

Foto: Benny Rasmussen

Da Gaden mødte Gaden

Hvis man spoler tiden tilbage til slutfirserne, så var det jo sådan, at der var to måder at indtage gaden på. Man kunne være til hiphop eller man kunne være i det autonome miljø. De to ting flugtede ved siden af hinanden og på en eller anden måde var der gensidig respekt. Her taler jeg ikke politisk, men de kunstneriske virkemidler og signalværdien i de ting man gik og lavede smagte lidt af kaos og anarki.

Meget tidligt i firserne oplevede jeg, at punkerne absolut ikke var generet af os breakdancere eller det udtryk, som vi rendte rundt og viste os frem med. Senere kom respekten til udtryk, da Rockers By Choice i 1988 skulle lave en koncert på det besatte Sorte Hest, der i den grad var et af symbolerne for den autonome bevægelse og Bz'erne.

Det var en helt sindssyg god oplevelse, for der var en forbindelse mellem os og dem, som man nu engang får, når man som kultur bevæger sig sammen på gadeplan. Det begyndte ellers lidt halvskidt, da Øyvind troppede op til koncerten i en cowboyjakke med et kæmpe amerikansk flag. Det blev ikke så heldigt modtaget, men så snart vi kom i gang, var der fart over feltet med Opråb og Nedtur.

Vi spillede også i Ungdomshuset en enkelt gang. På ydersiden kunne det virke vanvittigt, at Bz'ere og punkere elskede vores musik, fordi de jo på det tidspunkt hadede alt ved USA. Især Ronald Reagan stod jo for skud, når de lavede demonstrationer mod USA.

I Rockers støttede vi jo heller ikke nødvendigvis USA eller dens regering, men elskede derimod kulturen fra de sorte forstæder og New York. Vi havde energien, fandenivoldskheden og ungdomsoprøret til fælles. For modsat den lidt mere poppede og jazzede hiphop, som man kunne høre med MC Einar, så var der fuld smæk på Rockers. Vi var jo fra breakdancemiljøet, hvor MC Einar var fra graffitimiljøet og det gjorde en stor forskel i forhold til forbindelsen til de autonome og Bz'erne.

Selv om jeg aldrig har været enig med de autonome og de virkemidler, som de brugte for at få taletid, så er jeg da ærgerlig over, at det gik Ungdomshuset, som det gik. De unge mennesker havde et fristed, hvor meget dansk musik slog sine tidlige folder. Her var plads til alle former for mennesker og den del af miljøet tiltalte mig. De havde noget kørende i Ungdomshuset, der var virkeligt og blottet for alt det falske og overfladiske, som man nogle gange oplever i SoMe kulturen.

Rockers By Choice 1988

Foto: Benny Rasmussen

RBC i Studiet 1988

Foto: Kurt Haugaard

The Virgin Years

Den første tid efter Rockers skrev kontrakt med Virgin Records var spændende og alting gik enormt stærkt. Det var vores manager på det tidspunkt Turbo Niels eller Niels Jørgensen, som anbefalede os at skrive med Virgin.

Pladeselskabet var rebelsk og anderledes end mere traditionelle pladeselskaber, så de turde bare meget mere og var ikke bange for at være anderledes. Det hele var jo i den engelske skaber af Virgin Records, Richard Bransons ånd, så det passede os rigtig godt, at vi kunne komme et sted hen, hvor man var klar til at behandle os som noget nyt og spændende.

Vi var meget heldige med Virgin Records, for vi var ikke ude i de problemer og udfordringer, som mange bands og solister skulle leve under på den tid. Dengang blev man jo defineret af hvilke singler, som man kunne udgive – og hvor godt de klarede sig. Det problem havde vi ikke. Vi blev ikke bedt om at levere radiohits eller potentielle singler. Det handlede meget mere om at få lavet et godt og potentielt stærkt album. Det lykkedes i den grad med Opråb Til Det Danske Folk, som i dag stadig står lige så skarpt, som det gjorde dengang.

Teksterne, rimene og vores rap holdt en standard, som vi var stolte af. Lyden var til gengæld et problem. Vi skulle indspille albummet i Jesper Ranums studie og det var vi pænt begejstrede for.

Ranum var medlem af det anmelderroste band DeFilm og havde været tekniker på en masse hits gennem firserne, så det kunne kun blive godt. Desværre skrev vi også 1989, så studietid var ikke noget, som man bare kunne få, når det passede Rockers By Choice. Så vi fik studietider om aftenen eller om natten, hvor studiet ikke blev brugt til alle de ting, som var vigtigere end en rap plade med fem drenge fra Amager.

Vi mødte alligevel glade og begejstrede op til første studiedag. Her blev vi mødt af en studietekniker, der ikke hed Jesper Ranum, men derimod hed Kim og til daglig var assistent for Jesper. Han havde ikke nogen forstand på rap eller hiphop. Han producerede primært rock og pop, så allerede der var vores lyd bagud på point. Det skulle dog gå fra skidt til værre, da Lars allerede havde en masse idéer til lyden og hvordan det skulle mixes. Teknikeren var blevet instrueret i, at vi under ingen omstændigheder måtte pille ved indstillingerne på studiemixeren, da der ikke var tid til at kalibrere selvsamme indstillinger, når Jesper Ranum mødte ind om morgenen og skulle lave "rigtig musik". Så pludselig stod vi i et studie, fuld af begejstring og energi – og skulle acceptere en lyd, som på ingen måde levede op til, hvad vi havde håbet på. I dag kan jeg blive ked af, at lyden blev som den blev, for musikken havde fortjent meget mere. Derfor besluttede Lars sig også for at lave hele lyden om med en ny remaster, da vi skulle på vores 30-års jubilæumsturne.

Vi kunne simpelthen ikke leve med, at lyden skulle komme fra en indspilning, som var langt fra, hvad vi havde ønsket og drømt om.

Vores første koncert var i Kjellerup Hallen i Jylland. Det var meget langt væk fra Amager, hvilket vi hurtigt fik at føle. Vi skulle være pauseunderholdning til et eller andet show, så vi fløj ind på scenen, som en anden hiphoptornado, der skulle ud at vise verden og ikke mindst Jylland, hvad hiphop var.

Vi skulle spille fem numre, men vi blev hurtigt bevidste om, at Kjellerup ikke var helt klar til Rockers By Choice. Her kom fem drenge fra Amager med røde Troop jakker og en matchende attitude, der bare var fyldt med overskud. Det tog de ikke så pænt imod, for vi skulle ikke langt ind i første nummer, før det regnede med plastkrus med øl og buh-råb. Vi havde meget lidt erfaring med at stå på en scene, så vi overlevede på ren energi, hvor det handlede om at komme igennem det lille sæt af sange – og så var det ellers bare hjem til Amager igen.

Musikbranchen havde helt generelt svært ved at håndtere os. Vi kom som et friskt pust og vækkede en sovende bjørn, der gennem hele firserne bare havde produceret pop-plader med Tordenskjolds soldater. Man havde haft masser af succes og solgt masser af plader, men musikken var jo skåret af samme stykke, for selvom firserne producerede en masse hits, så var variationen på temaet ganske begrænset.

Det fik vi lavet om på, for døren stod jo på klem til
halvfemserne, som jo endte med at blive et helt anderledes
musikalsk årti.

Vi blev tit spurgt om, hvorfor vi ikke ville udgive en
julesingle. Det var en fuldstændig fremmed tanke for os, for
det passede slet ikke ind i vores univers, hvis vi skulle
klovne rundt og rime på julefest og julegaver. Der foregik
noget større og vigtigere i vores tekster – og det var vigtigt
for os at komme ud over kanten med de meninger.

Det ville have været en katastrofe for os, hvis vi skulle
huskes for en gimmick. Det var projektet og seriøsiteten for
stor til. Julesingler har det jo med at blive en parodi på sig
selv, så det er jeg glad for, at vi holdt os for gode til i Rockers
By Choice.

Rockers By Choice LIVE 1990

Foto: Kurt Haugaard

Rockers By Choice LIVE 1990

Foto: Kurt Haugaard

Rockers By Choice LIVE 1990

Foto: Kurt Haugaard

Sølvplade til Opråb 1989

Foto: Kurt Haugaard

1989 - DAT båndets forbandelse

Succesen buldrede derud af! Vi blev hurtigt kæmpestore, solgte masser af plader og begyndte at spille større og større koncerter. Rockers By Choice skulle spille på Midtfyns Festival foran 40.000 mennesker. Vi var helt oppe og køre på den store scene og folk var ellevilde. Pludselig døde den DAT båndoptager, der leverede alt vores lyd midt i, at vi rappede Amar er #1. Vi havde ikke noget backing track. Musikken var væk!

Vi stod og var helt på spanden. Hvad skulle vi gøre? Jeg kunne godt se på folk, at de heller ikke helt forstod, hvorfor musikken døde. Heldigvis samlede vi hurtigt tråden op og Georgios begyndte at lave human beatbox, så vi andre kunne rappe over det.

Det kunne have gået begge veje, men nu havde vi heldigvis allerede fået folk op og køre, inden det gik galt. Snart havde vi publikum i vores hule hånd, for de var helt med på, at nu improviserede vi for fuld drøn – og de elskede hvert et sekund.

Så selv uden musik, kunne vi stadig redde festen. En lille anekdote, der i øjeblikket betød alting og i dag står som et symbol for, at vi muligvis var unge og begejstrede, men vi havde vores håndværk i orden.

Senere på samme tour var den gal igen. Vi spillede nogle gange 2-3 jobs på en weekend, så der var fuld knald på.

Enkelte fredage måtte vi spille et tidligt og et sent job samme aften, for at kunne imødekomme den opmærksomhed og efterspørgsel, som kom i kølvandet på albummet Opråb Til Det Danske Folk.

Vi skulle spille en lørdag aften i Nykøbing Falster Hallen. Det var virkelig sent og vi var helt smadrede af træthed. Det var en hård tur hjem til Amager, men vi kunne ikke tillade os helt at stemple ud. Vi havde nemlig en kæmpe koncert om søndagen, som skulle foregå på Ølandshus på Amager. En koncert som vi havde glædet os til, for det var altid en fest at komme hjem og spille på Amager.

Klokken var otte søndag morgen, da jeg kom hjem til Tårnby Torv. Der var ikke mange timer at sove i, inden vi skulle på den igen. Det var så to minutter før jeg ramte min hovedpude, at det gik op for mig, at jeg havde glemt vores DAT bånd i et omklædningsrum på Falster. Vi skulle spille kl. 14.00 på Amager og problemet med DAT båndet var, at vi ikke havde en backup. Der var kun det ene bånd.

Så jeg måtte ringe til Falster, hvor der var en rengøringshjælp, der gudskelov tog telefonen. Han kunne heldigvis bekræfte, at der stod en taske med nogle bånd dernede. Så jeg måtte sende en taxa hele vejen til Falster og retur til Amager for at hente det skide DAT bånd. Hele hyren for jobbet røg lige ud ad vinduet, men vi fik spillet på Ølandshus og det var en kanon koncert.

Siden da sad den historie i mig, så jeg tjekkede altid to gange
og sørgede for at huske mine ting hver eneste gang. De DAT
bånd var vi bare ikke gode venner med.

Ølandshus, Amager 1989

Foto: Kurt Haugaard

RBC Ølandshus 1989

Foto: Kurt Haugaard

Rockers By Choice 2.0

Der er mange, som har spurgt mig om, hvorfor vi pludselig stillede med et helt andet femkløver end det oprindelige, da vi udgav De Fem På Flugt.

Georgios forlod jo allerede Rockers By Choice efter andet album. Så var der Peder, Øyvind, Lars og jeg, som udgav Klar til Kamp. Så gik der pludselig rigtig lang tid, hvor vi ikke rigtig vidste, hvad der skulle blive af Rockers. I mellemtiden væltede Eurodance jo hele Europa og rap var pludselig ikke noget, som nogen rigtig gad lytte til.

Vi ville jo gerne udgive noget nyt, men det var virkelig en svær proces, for der var gået fire år siden sidste album. Vi var dog enige om, at vi gerne ville tilbage til at være fem igen. Problemet var jo, at vi kun var fire tilbage og hvad værre var – så var vi i mellemtiden pludselig røget ned på tre mand. Øyvind og Lars havde haft en del kontroverser, der til sidst resulterede i, at Øyvind ikke længere var en del af Rockers By Choice. Pludselig stod vi i en helt ny situation.

Lars var dog allerede i gang i studiet. Vi var helt klar på et kæmpe comeback, hvor det ikke skulle gå stille for sig. Lyden i populærmusik var dog i tiden fra vores sidste plade blevet helt anderledes. Heldigvis havde Lars sit eget studie, så vi kunne jo selv bestemme, hvordan vi skulle lyde. Det er vigtigt at forstå, at Rockers By Choice var afhængig af min brors musikalske vision.

Han havde fingeren på pulsen, havde succes med de ting han lavede for andre kunstnere og så var der vel på dette tidspunkt ikke en større hitmager i Danmark end Chief 1.

Vi kendte jo DJ Kool K helt tilbage fra Algården, hvor det hele startede, så ham spurgte vi, om han ikke kunne tænke sig at være DJ i Rockers By Choice. Det ville han lige tænke over, men han endte med at sige ja.

Samtidig havde vi hørt om en anden Amar'kaner, der kom fra Urban Planen, som hed Kasper Isbjerg. Han var virkelig hot på det tidspunkt. Han var meget ung og freestylede en hel del. Vi var lidt spændte på, om vi kunne tage sådan en ung fyr med ind i Rockers By Choice, som jo allerede på det tidspunkt var old school. Omvendt håbede vi på, at Kasper kunne bringe noget nyt og spændende liv ind i vores gruppe.

Vi havde så et møde med Kasper, som virkede helt cool. Det var egentlig ret spændende, for han sagde ikke bare ja med det samme, men ville gerne lige overveje sine muligheder. Han endte så med at takke ja og pludselig havde vi Isbjerg med i gruppen – og vi var fem drenge fra Amager endnu engang.

Det endte jo med at blive en ret god plade, som jeg stadig er ret stolt af. Så selve udgivelsen var helt fin, men den turné der fulgte efter, var helt skør. Historierne om den tour er der mange af – og de fleste af dem er sikkert også sande.

Vi havde jo en del venner, som vi hang ud sammen med. Blandt andet en, som vi kaldte Doktoren, der kom ude fra Christiania. Han kendte en hel del fra Hells Angels, som på det tidspunkt lå i åben krig med Bandidos. Pludselig var det hele sådan lidt gangsteragtigt, som jo kastede en bunke mærkelige oplevelser af sig. I sidste ende tænker jeg, at det var heldigt, at der ikke skete mere end der skete på den tour, for det kunne have været gået helt galt.

Nogle gange kunne vi stå foran ti mennesker i Fredericia Konferencecenter, hvor der er plads til tolvhundrede. Så sad der folk på en række og der var helt stille mellem hvert nummer. Senere kunne man så spille på Thurø Kro ved Svendborg, hvor der var fuldstændig proppet med mennesker. Der var på ingen måde noget mønster i, hvordan den turné gik for sig. Vi prøvede endda at gætte os til, hvor mange der ville dukke op, men det var umuligt at gennemskue.

Til syvende og sidst var det nok godt nok, at det ikke stak helt af med denne her plade. Der var intet galt med Kool K eller Isbjerg, men det føltes bare forkert for mig. Der manglede noget nerve og historien, som vi havde slæbt med os gennem hele karrieren med Rockers By Choice, føltes uforløst. I stedet føltes det hele lidt amputeret og forkert.

Det blev starten på enden for Rockers by Choice. Det hjalp heller ikke, at den nye skole brugte os som skydeskive, for at hævde sig selv.

Clemens var ude med riven med "Rockers whack forsøg på et comeback!" og det var vist den generelle holdning fra den kant. Respekten eksisterede ikke – og det havde jeg det sådan set fint med. Når man kommer frem som ny kunster, skal man losse til det etablerede og pumpe sig selv op. Det havde Rockers By Choice også gjort – og det virkede jo!

Mange år senere lavede vi en tour med de gamle ærkefjender fra MC Einar. Det var også en mærkelig oplevelse, for der var ingen, der havde lyst til at booke os. Det var i år 2000 og den skulle hedde "Retro Tour", hvor forventningerne var pænt høje. Vi havde endda store diskussioner om, hvilket band der skulle starte og stoppe, for ingen ville varme op for de andre. Den gamle stolthed kom til overfladen, men vi fandt et kompromis, hvor vi måtte skifte lidt.

Problemet var så bare, at der var ingen, som ville have os. Vores bookingselskab PDH knoklede dog på og vi fik en tour på benene, hvor det langt fra var alle steder, der var lige egnede til en koncert. Det blev til gengæld en kæmpe succes. Bagefter kom der en masse forespørgsler, men der var vi enige om at løbet var kørt. De havde haft deres chance og den tour var officielt forbi.

Det blev på mange måder enden på Rockers By Choice. Der skulle gå nitten år, før vi tog på 30-års jubilæums tour.

Føna Amager Center 1990

Foto: Kurt Haugaard

Interview Radio Airport 1990

Foto: Kurt Haugaard

PLAKAT – AMAGER BIO 1989

Foto: Privat

Signering Kaj Anthonsen 1989

Foto: Kurt Haugaard

Sorteper

Omvæltningen var enorm. Jeg havde været vant til at være tyve procent af en enhed. Nu stod jeg helt alene. Jeg vidste jo godt, at jeg ville fortsætte med at lave musik efter Rockers By Choice, men hvad skulle jeg gøre?

Der er meget få musikere, der har prøvet at beskrive, hvordan det føles når musikken stopper og alle går hvert til sit. For mig var det rigtig hårdt. Det føltes rigtig meget som om, at jeg havde været på en lang rejse ud i verden over en længere periode. Nu var jeg så hjemme igen og hvad så?

Jeg var så vant til at være fem om det meste. Især det med at skulle stå på en scene igen, virkede en smule uoverskueligt. Hvad nu hvis klappen gik ned? I Rockers By Choice var der fire andre, der lige hurtigt kunne tage over, men Dee Pee var blevet Per alene i verden.

Jeg var aldrig i tvivl om, hvorvidt jeg var klar til at gå igennem den udvikling, som det krævede for at skulle stå alene. Det kneb bare med overskuddet til at gennemskue, hvor jeg skulle starte fra. Jeg vidste jo godt, at jeg selv ville skrive mine tekster, men jeg var langt mere usikker på, hvor musikken skulle komme fra.

Fordelen ved at have været en del af en af de første danske hiphopgrupper var jo, at vi havde lavet en million fejl undervejs. Vi ville det hele og anede ingenting, så det handlede rigtig meget om at prøve tingene af.

Det var ikke alting, der gik lige godt, men det kunne jeg så bruge som solist. Jeg havde en ballast og noget erfaring. Vi havde kollektivt begået nogle fejl, som jeg personligt kunne drage nytte af.

Første gang jeg så stod på en scene, stod jeg også helt stiv og anede ikke, hvad jeg skulle gøre af mig selv. Alle kiggede jo udelukkende på mig. Der var ingen Lars og ingen Øyvind. Der var kun mig. Hvis jeg nogensinde havde været i tvivl om, hvor dårligt jeg kunne have det med at være i centrum, så blev jeg gjort opmærksom på det den dag.

Heldigvis gjorde den oplevelse mig bevidst om, at hvis du vil udvikle dig som rapper, så skal du kunne have den del med. Det er ikke nok, at man er teknisk dygtig, har et godt flow og kan spytte tusind ord. Man skal også kunne underholde og være til stede. Ellers er man ingenting i det her game.

Rejsen hen imod at blive bedre til at stå på en scene, starter med at være velforberedt. Sådan er det jo også med resten af livet. Er man velforberedt og har styr på sine ting, så klarer man sig generelt også bedre. Derfor har jeg også altid de første linjer til hvert enkelt nummer klar på scenen, så jeg aldrig risikerer at gå i stå eller endnu værre – at rappe den forkerte tekst til det forkerte nummer. Samtidig møder jeg også altid op til spillestederne i god tid, så jeg kan få en fornemmelse af rummet. Hjemmefra har jeg så forberedt, hvad jeg gerne vil sige mellem numrene.

På den måde kan jeg være mere rolig, for jeg har i baghovedet, at jeg er velforberedt. Så når vores store bagtæppe i guld kommer op, diskokuglen er pudset af og bandet er klar til kamp, så er jeg tryg og hviler i mig selv. Det får publikum også den bedste oplevelse ud af.

I dag føler jeg mig ikke som Sorteper. Jeg er langt mere tryg på en scene og jeg trækker på mine erfaringer. Jeg savner ikke længere de fire andre fra Rockers By Choice, men nyder i stedet at omgive mig med et live-band, der gør oplevelsen af at stå på scenen så meget anderledes for mig.

DeePee LIVE 2012

Foto: Frederikke Hoeg

Perspektivet

Min første hele soloudgivelse var Perspektivet. Det var en kæmpe kamp at udgive den, for jeg kæmpede på mange fronter gennem hele processen. Jeg havde svært ved at finde folk, der kunne og ville lave den lyd, som jeg på det tidspunkt efterlyste.

Allerede på det tidspunkt ville jeg rigtig gerne lyde som eksempelvis Earth, Wind & Fire eller Chic, men der var bare ikke rigtig nogen, som kunne lave den lyd. De folk, som jeg havde kontakt til var for unge, så de havde ingen forståelse for det lydbillede, som jeg gik rundt og ledte efter. Jeg havde fat i et par forskellige folk, som godt kunne producere den jiggy hiphop lyd, som eksempelvis Will Smith havde, men jeg ville jo gerne helt tilbage til den lidt mere rå og direkte disko.

Jeg prøvede virkelig at forklare de forskellige unge mennesker, hvad det var for en lyd jeg ledte efter, men det var en nærmest umulig opgave. Det hele endte med nogle forkvaklede forsøg, som jeg naturligvis ikke kunne bruge. På det tidspunkt ledte jeg i virkeligheden efter noget Soul Investors, men det skulle vise sig at komme noget senere.

Frustrationen ved at være rapper kan nogle gange være svært at forklare. Du kan skrive tekster, spytte rim og have et super flow, men når du mangler musikken, er du på spanden. Du kan ikke bare finde et beat og køre derfra.

Der skal være en følelse involveret for en old school rapper som mig. Mangler følelsen, halter det på indlevelsen og det går ud over teksterne. Jeg er sikker på, at der findes DJs og musikere, der er lige så frustrerede den anden vej, hvis de har lavet nogle solide beats, men ikke kan finde det rigtige flow med den rigtige tekst, der får det hele til at gå op i en højere enhed. Det er en svær proces, for det kræver et ret unikt match og en forståelse mellem musikken og rappen før nummeret føles som en helhed.

Min egen usikkerhed gjorde ikke opgaven nemmere. Jeg havde mange idéer, men kunne ikke rigtig få dem sat op på en måde, hvor det gav mening for dem, som jeg skulle samarbejde med. I virkeligheden gav det heller ikke rigtig mening for mig, for jeg rodede rundt i musikalske ambitioner, der ikke kunne blive indfriet.

Jeg var bitter, sur og en smule vred på det hele. Jeg kunne ikke finde mit musikalske ståsted, fordi mit eget liv på hjemmefronten og rent privat også var en rodløs affære. Det var en rigtig dårlig periode af mit liv og det smittede alt for meget af på Perspektivet. Jeg gik igennem en skilsmisse og det gav problemer med mine børn, hvilket rystede mit fundament og gav mig alt for meget uro.

Teksterne blev skrevet i et anfald af alle mulige følelser. I bakspejlet var det en form for terapi at komme af med en masse ting, som rørte sig inde i mig, men det var svært at se, da jeg stod midt i det hele.

Det var en mærkelig tid og jeg bryder mig ikke om at høre
pladen den dag i dag. Der er enkelte numre, som jeg kan stå
inde for, men mange af dem er jeg helst fri for at lytte til.
Der er naturligvis enkelte ting på den udgivelse, som jeg er
stolt af og glad for. Eksempelvis betyder Håbet rigtig meget
for mig. Af en eller anden årsag skiller det nummer sig
væsentligt ud fra resten. Jeg føler, at jeg ramte teksten helt
perfekt, selvom jeg måske ikke kan forklare, hvorfor jeg har
det sådan. Når jeg kigger på den tekst i dag, kan jeg se og
mærke, at det er den tekst, der tekstmæssigt er tættest på
det, som jeg laver nu i Grandmaster Dee Pee & Soul
Investors.

Som alting andet i livet kommer der en masse godt ud af de
ting, som kan virke skidt i øjeblikket. Perspektivet blev
produceret af Lil Jay. Det var ikke problemfrit, for han havde
problemer med at overholde aftalerne. Jeg hadede, at jeg
måtte stå og vente på en mand, som så aldrig dukkede op.
Problemet var, at han jo havde numrene, så jeg kunne ikke
rigtig gøre så meget. Jeg kunne ikke bare skride, finde en
anden og starte forfra. Så jeg indspillede, over rigtig lang tid,
alle numrene ude hos ham, men kemien fungerede ikke – og
da pladen så skulle mixes, ville han havde femtentusinde
kroner for at udlevere musikken til mig. De penge havde jeg
ikke, så lige pludselig stod jeg uden min musik. Det var
pisse tarveligt af Lil Jay, for det var i forbindelse med, at jeg
skulle optræde på Roskilde Festival. Der skulle jeg bruge
båndet med alle instrumentalversionerne og dem ville han
bare ikke aflevere. Det var virkelig stramt.

Heldigvis sprang en god ven til og beløbet blev forhandlet ned. Det hele endte så med, at Perspektivet blev mixet på Amager, hvor Klaus spillede bas på et par numre, så det var starten på, hvad der senere skulle blive Soul Investors. I dag har jeg det fint med Lil Jay, men den episode glemmer jeg aldrig.

Der gik så en del tid efter Perspektivet, før jeg var klar til sådan seriøst at lave musik igen. Jeg skulle lige have det hele på afstand, hvilket nok var meget sundt. Efterfølgende fik jeg en del tæsk for den plade, som blandt andet kun kastede to stjerner af sig i Gaffa. Der var hård kritik, som gjorde mig vred, fordi jeg fandt den uretfærdig. Det sjove ved hele den oplevelse med Perspektivet var, at der jo også var gode anmeldelser, som jeg egentlig burde have hæftet mig mere ved. Det var nok bare hele tilblivelsen, hele oplevelsen og hele min forståelse af Perspektivet, der et eller andet sted bare blev alt for negativt for mig som menneske.

Der kom ikke rigtig mere ud af den plade. Det var der nok en god grund til, men hele den periode var på mange måder bare negativ og føltes forkert. I sidste ende er det godt nok, at det ikke blev en succes, for jeg havde nok ikke kunne fastholde den energi, som Perspektivet blev skabt gennem.

Klaus & Mig 2013

Foto: Nicolai Engel

GRANDMASTER DEE PEE & SOUL INVESTORS

Foto: Zerrin Hasan

Grandmaster Dee Pee & Soul Investors

Disko-rap. Så kort kan det siges. Soul Investors var fra første færd et projekt, hvor Klaus og jeg dyrker vores kærlighed for soul, disko og rap. Vi har aldrig rigtig været i tvivl om stilen og som tiden er gået, er der bygget mere og mere på. Vi har helt sikkert vores egen lyd til trods for, at vi aldrig rigtig har dyrket, at vi nødvendigvis skulle lyde på en bestemt måde. Det har bare været implicit fra begyndelsen.

Det er et sjovt projekt på den måde, at vi ikke rigtig har nogen agenda for, hvordan vi gør tingene med udgivelser og den slags. Vi går aldrig i studiet med en dagsorden på den klassiske måde, hvor tingene nødvendigvis skal resultere i en udgivelse. Det er små tanker og idéer, der gror og bliver til musik. Det kan tage lang tid og det kan tage ingen tid. Der er intet pres udefra og det nyder vi begge to.

Den samme oplevelse får vi udefra, når vi udgiver noget. Fanskaren er ikke stor, men der kommer nye folk til, hver gang vi udgiver noget nyt. Det er interessant, for det er oftest det voksne publikum, der nyder at lytte til vores musik. På den måde har vi en forbindelse til vort publikum, for de kan også huske tilbage til dengang, da den type musik var populær alle vegne.

Vi har også spillet et par gange på Natdisk, som er stablet på benene af gamle Montmartre folk, der laver fester for det mere modne og kræsne publikum.

Her hører vores musik i allerhøjeste grad hjemme, for der er en samhørighed med publikum. Det var også en blåstempling af Soul Investors at spille sådan et sted, for de booker ikke hvem som helst, så det tog vi da som et skulderklap af de større.

Det er ikke fordi vi søger anerkendelse på den måde. Sådan er projektet simpelthen ikke bygget op. Det handler om musikken, venskabet og hjerteblodet – og så kommer alt andet i anden og tredje række.

Før i tiden ville det med opmærksomhed have fyldt rigtig meget i mig. Det ville måske endda have været en præmis for overhovedet at fortsætte med at lave musik. Sådan er det ikke rigtig mere. Jeg nyder da, når vi bliver spillet i radioen eller booket til et arrangement og kan komme ud og fyre den af, men det er ikke nødvendigvis det vigtigste. Der er noget nærvær i den musik, som Klaus og jeg laver. Det ville jeg ikke kunne undvære.

En ting er så anerkendelse. Den kan man jo få på alle mulige måder, men jeg nyder virkelig den respekt, som jeg får rundt omkring på grund af dette projekt. Folk, som måske ikke ville lytte til min musik ellers, roser projektet. Det gør mig naturligvis glad, men det er især fordi, at jeg i dag kan nyde den respekt der ligger i, at jeg stadig er i branchen og kan forny mig.

Da vi udgav singlen Boogie, havde vi ingen idé om, at den ville få en del opmærksomhed fra radioen. Især det populære DR-program Badabing var ret vild med Boogie.

Faktisk blev Boogie spillet på Badabing, før den overhovedet blev udgivet uden, at vi vidste det. Der var pludselig en DJ, der havde tracket, som åbenbart kendte en på DR. En hel måned startede Badabing sit program med Boogie, hvilket var kæmpestort for os. De kom så og spurgte os, om vi ville lave en kortere og mere radiovenlig udgave til dem. Det gjorde vi så – og det blev den version, som endte på vores debutalbum.

Med Soul Investors har vi også adopteret en visuel stil fra den tid, hvor musikken for alvor brød frem. Det skal være en fest at opleve vores musik, så derfor foregår der også en visuel stimulering med guld, glitter og fart over feltet med scene og påklædning. Det må ikke blive kedeligt, for det skal afspejle den musik, vi spiller.

Med beslutningen om at gøre projektet visuelt er der også skabt en tradition for, at nye sange kaster en musikvideo af sig. Det står et eller andet sted i kontrast til hele den tilbagelænede stil, som vi ellers kører med i resten af Soul Investors, men fordi det visuelle godt må fylde lidt, så skal der naturligvis laves en musikvideo.

Vi har blandt andet brugt Ian Tomkins til at lave nogle af musikvideoerne.

Ian er en enorm dygtig fotograf, der har arbejdet sammen med et hav af danske musikere. At vores videoer fungerer så godt, er jeg enormt stolt af, for vi har skabt en visuel stil, der fungerer som rød tråd gennem hele vores bagkatalog.

Den visuelle stil kom især til udtryk med videoen til Blær. Den er indspillet hos en af verdens største samlere af Verner Panton møbler. Jeg har jo en interesse for den slags møbler og hele den stil fra halvfjerdserne. Så nogle år forinden, havde jeg googlet mig frem til denne her samler, som havde et helt vildt hus fyldt med Panton møbler. Jeg begyndte at følge manden på Instagram, hvor han havde lagt de vildeste billeder op.

På et tidspunkt skrev jeg til manden med en høflig forespørgsel om, hvorvidt det var muligt at skyde en musikvideo i hans hus. Det var han en smule afvisende overfor, for han var lidt privat anlagt, hvilket jeg sagtens kunne forstå. Jeg kontaktede ham så igen nogle år senere, hvor han så endte med at sige ja og give os tilladelse. Det var så sindssygt, for han fortalte mig, at der var filmselskaber, der nærmest stod i kø for at få lov til at bruge hans hjem. Vi drog fra København klokken fem om morgenen, skød en video i mandens hjem og kom hjem igen om aftenen. Resultatet udeblev så heller ikke. Det blev en spektakulær flot video, som passede helt perfekt til sangen.

Soul Investors betyder også meget for mig, fordi det jo ikke bare er Klaus og jeg.

Vi er jo velsignet med fantastiske musikere, som elsker at komme ud og spille live med lige præcis denne her type musik.

Senest har vi også inddraget min søn, Nicolai – der er en knalddygtig fotograf. Han har skudt et par af vores videoer og har allerede lavet en del af billederne til reklame og sociale medier.

Vi har også været så heldige at kunne trække på Michael, der er forfatter og idémand til den bog, som du sidder med i hånden. Michael står blandt andet for sociale medier og er endt som lidt af en blæksprutte, når det kommer til praktiske projekter. Han er en uvurderlig hjælp, som jeg har trukket meget på, da han har en kæmpe erfaring indenfor salg og markedsføring. Samtidig har Michael et godt øre for musikken og bidrager ofte med idéer, nytænkning og forslag til Klaus og mig, når vi har allermest travlt med at lave nye numre. At Michael så også har næsten tyve års erfaring som DJ, skader bestemt heller ikke vores projekt.

Der bor en ild i de mennesker, som vi har med i vores Soul Investors projekt. Jeg har stor respekt for dem alle, for de bidrager hver især til et musikalsk fællesskab, der bare bliver stærkere og stærkere, som årene går.

Min store drøm for Grandmaster Dee Pee & Soul Investors er at komme ud og spille på festivaler.

Vi har musikken til at sætte en fest i gang og med de musikere, som jeg er så heldig at omgive mig med, så kan det kun blive et brag af en oplevelse.

Foto: Nicolai Engel

Mit 35-års jubilæum

Livet skal ikke være kedeligt. Det må det aldrig blive. Derfor følte jeg også, at det var værd at fejre mine 35 år i branchen. Jeg ville holde en kæmpe fest i Amager Bio for at signalere, at jeg i allerhøjeste grad var i live og det samme var musikken.

Det var også gået hen og blevet en tradition, for jeg afholdt også mit 30-års jubilæum med et brag af en fest i Amager Bio, hvor jeg sammen med en masse folk fra dengang fik fejret livet, musikken og hiphopkulturen.

Jeg fik så muligheden for at komme i Go´ Aften Danmark på TV2, for de femogtredive år var ikke gået ubemærket hen, så de ville gerne lave et indslag. De krævede desværre bare, at jeg også skulle have Einar Enemark med i studiet. Det irriterede mig lidt, for jeg kunne godt regne vinklen ud fra deres side. Jeg følte bare ikke rigtigt, at det havde noget med min musik eller mine 35 år at gøre.

Folkene bag programmet fik så den geniale idé, at vi skulle ned og filme nede på Ragnarock museet i Roskilde. Det er efter min mening et super sted, som bliver kørt af nogle ildsjæle, der bare brænder efter at formidle dansk musikkultur.

Nu var det bare sådan, at Einar ikke selv har kørekort, så jeg skulle køre forbi hjemmeadressen og hente ham for, at vi så sammen kunne køre til Roskilde.

Det var godt nok en mærkelig køretur. Nu har Rockers og MC Einar haft en masse kontroverser og selv om det meste af det jo var Peyk og min bror, så skulle jeg lige pludselig sidde alene i en bil med Einar. Det var første gang, at vi sådan var i enerum med hinanden efter alle de år.

Heldigvis er Einar jo en flink fyr, men her gik det også op for mig, hvor få vi er tilbage, der stadig er en aktiv del af hiphopmiljøet. Selvom programmet ikke blev helt, hvad jeg håbede på, så var det et hyggeligt indslag. Det var også rart at se de effekter, som jeg har udlånt til Ragnarock. Her står min DM Pokal fra DM i Breakdance side om side med mit Adidas sæt, en Floormasters trøje og en plakat fra et Electric Boogie træf i ungdomsklubben Stjernen på Amager. Historien lever videre på Ragnarock, som jeg bestemt kan anbefale, hvis man vil ud at opleve den danske musikhistorie.

EINAR ENEMARK – RAGNAROCK 2017

Foto: Privat

Soul Investor CD 2016

Foto: Privat

Rockers By Choice, 30-års jubilæum

Man hører tit om, hvordan bands bliver genforenet efter nogle år – og hvordan tingene vender tilbage til begyndelsen. Den samme energi, det samme humør og de samme mekanismer vender tilbage, selvom der er gået mange år. Det var præcis, hvad der skete, da Rockers By Choice fejrede vores 30 år siden udgivelsen af Opråb Til Det Danske Folk.

Det var sjovt og spændende, at skulle være sammen igen. Udover at vi var blevet tredive år ældre, så var der også en helt anden ro imellem os. Der var ikke så mange skarpe kanter, for vi var alle fem indstillet på, at vi bare skulle ud og fyre den af. Vi skulle vise Danmark, at vi efter 30 år stadig havde masser af energi og var klar til fest.

Vi havde lagt i kakkelovnen til en kæmpe oplevelse, for alle numre var blevet genskabt i en remaster med helt ny lyd, så der var meget mere bund i musikken. Samtidig havde vi video kørende på en LED-skærm under hele showet, der skabte en masse visuel energi i projektet, da det hele var så gennemført. Man kan snakke meget om, hvordan musik fungerer på alle mulige plan, men at være en del af den energi, som man oplever, når fem gamle venner vender tilbage til rødderne – det kan næsten ikke beskrives. Vi har aldrig lydt bedre end på den tour og det satte publikum også pris på fra første koncert. Vi blev nærmest båret igennem samtlige koncerter. Det var helt overvældende, hvordan vores loyale og dedikerede fans fuldstændig overgav sig.

Meget hurtigt bemærkede jeg, at jeg havde en fordel af, at
stadig være en del af musikbranchen. Det er jo i
virkeligheden kun Lars og jeg, der har holdt fast og stadig
laver musik. Så derfor kunne jeg da godt mærke, at jeg
havde et ekstra gear, når det kom til overskud. Det havde jeg
det rigtig godt med, når jeg nu trods alt er den ældste af os
fem.

Igennem tiden med Rockers var jeg jo den stille mus, som
sjældent sagde noget. Jeg stillede mig aldrig op og førte mig
frem. Her på denne her tour, følte jeg mig helt anderledes
klar til at åbne op for posen og give publikum det hele på
scenen.

Til trods for alt den succes, som vi havde med Rockers, så
følte vi os altid som underdogs. Det var en følelse, som man
især tog med sig, da det hele var slut i 1996. Vi følte ikke
rigtig, at vi var med i samtalen, når der blev snakket old
school hiphop. Det smittede rigtig meget af på, hvordan vi
hver især havde det med alt det, som vi havde gået og lavet i
Rockers. Det var svært at være vidne til, for vi var jo hver
især rigtig stolte af, hvad vi havde bedrevet, men vi
manglede ligesom et eller andet bevis på, at det hele ikke var
lige meget.

Når snakken faldt på gamle dage i medierne, så var det
Einar, Humleridderne og Østkyst Hustlers. Vi blev sjældent
nævnt – og hvis vi gjorde, var vi en fodnote.

Det satte sig i os alle, tror jeg. Måske var det bare noget vi forestillede os, fordi vi alle dage var dømt ude, selv da vi var allerstørst. Men da vi så tog på vores 30-års jubilæums tour, gik det op for os, hvor meget folk havde savnet os og musikken. Det gav os for alvor stoltheden tilbage. For første gang følte vi, at vi var en kæmpe del af det selskab, som vi tidligere havde følt os bortdømt fra.

Sandheden om den tour er jo også, at vi som band aldrig har haft det så fedt. Det indbyrdes forhold slog ikke gnister, for vi var ikke i gang med noget, hvor vi skulle have en mening om alting. Vi var i gang med en hyldest til os selv – og det var vi rigtig gode til at sætte pris på alle fem.

For mig personligt var det en oplevelse, som jeg havde rigtig meget brug for. Jeg kan ikke andet end at takke Lars, Peder, Georgios og Øyvind for rigtig meget. Uden dem havde jeg ikke haft den karriere, som jeg har i dag og det er værd at huske på.

Jeg er rigtig glad for, at vi nåede på den tour, inden verden gik af lave i marts 2020. Vi skulle godt nok have været på en del festivaler, så det var bittert og ærgerligt, men om ikke andet fik vi sluttet vores turné ordentligt af. Tre udsolgte koncerter på hjemmebanen i Amager Bio satte punktum for en kæmpe oplevelse, som vi aldrig vil glemme.

Det var ikke meget man kunne være taknemmelig for som kunstner i 2020, men lige det her er jeg overordentlig glad for, at vi kom i mål med.

Vi blev under den tour og i tiden efter spurgt, om der ville komme nyt materiale med Rockers By Choice. Det var også en tanke, der kort blev vendt i turnebussen en enkelt gang eller to. Jeg tror, at vi alle var ret enige om, at det vi lavede dengang, var magisk og det skal man ikke pille ved. Skulle vi lave noget nyt, ville vi ende mellem to stole. Enten ville vi lyde for gammeldags eller også ville vi være for anderledes fra den lyd, som vi havde dengang. Uanset hvad, ville det ikke føre noget godt med sig, så det kapitel er lukket og slukket. Der kommer ikke nyt materiale med Rockers By Choice nogensinde igen. Personligt begræder jeg det ikke.

Rockers By Choice 2019

Foto: Privat

RBC AMAGER BIO 2019

Foto: Henrik "Ranger" Lind

To Generationer – Samme Blod

At lave musik er meget givende. Man skaber noget ud af ingenting og pludselig har man et færdigt stykke musik. Det giver en enorm glæde og lykkefølelse for mig at kunne lave musik. At kunne deltage i tilblivelsen af musik er en del af mit DNA. Jeg har det i blodet. Det samme har min bror. Vores far har indspillet bunkevis af plader, så det er ikke så mærkeligt endda. Vi fik det ind med modermælken, så det kunne ikke blive anderledes.

En af de største glæder for mig, når det kommer til musikken, har været, at min søn Alexander har været en del af Soul Investors gennem det meste. At have Alexander med på scenen, har betydet rigtig meget for mig. Han har været med i rigtig mange år og det har været fantastisk at dele alle de oplevelser med ham.

Alexander er en ildsjæl, der brænder for det han laver. Han er i konstant bevægelse og det er ikke tilfældigt, at han i dag er medejer af eget pladeselskab, Affiliated, som han lever og ånder for. Han har fundet et broderskab ikke ulig det broderskab, som vi havde i Rockers By Choice. Et fællesskab, der konstant udlever drømme og knokler for at opnå endnu mere.

Hvor mange mennesker har været så heldige og privilegerede, at kunne optræde på Roskilde Festival, DDJA eller Nordic Hiphop Festival med deres børn? Det kan jeg ærligt sige, at jeg har – og jeg er stolt!

Det er udover alle oplevelserne en ekstrem givende måde gennem musik at skabe kvalitetstid og forbindelse til Alexander. Han har i hverdagen travlt med alle sine projekter, så når vi står på scenen sammen, giver det os nogle oplevelser, som vi kan putte i den mentale scrapbog. Oplevelser, som vi aldrig vil glemme.

Jeg kan også godt tænke, at jeg er heldig på mange måder, når jeg står der på scenen med Alexander. For udover at det med musikken har givet os et særligt bånd, så skal jeg da gøre mig umage, når jeg står side om side med ham. Han er en enorm dygtig rapper, han ser skide godt ud og så har han en attitude og en tilgang til musikken, som gør mig meget stolt. Han tør en hel masse med sin musik og jeg er sikker på, at han nok skal opnå en masse i sit musikalske liv, for han har så meget talent, og brænder så meget for det han laver. I sidste ende gør han mig bedre, holder mig på tæerne og viser mig, at hiphop er meget mere end det, jeg kender og forstår.

Jeg elsker mine fire børn højere end livet selv. Jeg er et familiemenneske, så jeg ved godt, hvor vigtigt det er at indtage faderrollen på alle mulige punkter. Det er et ansvar, som jeg altid har taget alvorligt. Måske har jeg også taget det for alvorligt, for det har ikke altid været let for mine børn. Der var en masse omstændigheder omkring mine to ældste børn, der bevirkede, at jeg ikke helt kunne være der for dem, som jeg selv havde ønsket og drømt om. Det har jeg prøvet at indhente lige siden.

Det er hårdt at føle, at man er bagud på point i forhold til sit
hjerteblod. Det resulterede jo også i, at jeg skrev sangen
"Hjerteblod" som en slags undskyldning eller et håb om
tilgivelse. Jeg er helt bevidst om, at Nikolaj og Alexander
ikke har haft en nem barndom hos deres mor, så jeg har
sidenhen prøvet at give dem tryghed og en fast base, så de
ved, hvor de har deres far.

Jeg har alle dage prøvet at være en klippe, fordi jeg ved, at
jeg skylder alle mine fire børn rigtig meget. Det samme
gælder mine forældre, der udover at have vist mig, hvordan
man rykker sammen i bussen som familie – også har hjulpet
mig igennem mange af de fortvivlende stunder i mit liv.

Der sker noget med mennesker, når de får børn. Det er ikke
anderledes for mig. Jeg har haft et langt større temperament,
end jeg har i dag. Ikke fordi jeg nødvendigvis er blevet mere
rolig, men jeg har lært at gå en tur, få lidt frisk luft og
komme videre, når tingene spidser til. Det nytter ikke noget,
at ens børn skal opleve en eller anden idiot, der står og
tænder helt af, som så er deres egen far. Det går heller ikke,
at man sidder og skaber sig på internettet, fordi man er
uenig med en eller anden keyboardkriger. Dine børn er med
på sidelinjen hele tiden, så du skylder dem at opføre dig
ordentligt. Det er en del af det forældreansvar, som jeg føler
hviler på os alle sammen. Det er jo ikke nemt, men det gør
det ikke mindre vigtigt for mig. Vi spejler os tit i vores børn
uden, at vi helt forstår, at vores børn også spejler sig i os. De
har brug for, at vi er tydelige, ærlige og til at stole på.

Jeg synes, at denne her branche er fyldt med forbilleder, der
ikke lever op til deres ansvar generelt. Hvis man kører
stoffer, bliver anholdt og opfører sig latterligt, så har man
ingen respekt for de unge mennesker, som hører ens musik.
Der foregår generelt en glorificering af negative ting i en
verden fyldt med brok og ballade. Det vil jeg ikke være en
del af. Det skylder jeg nemlig også mine børn.
Anstændighed burde være det nye sort. Det andet er
trættende. Jeg kunne sagtens have valgt anderledes i livet.
Fristelserne var der jo. De blev tilbudt i rige mængder ved
hver eneste koncert. Det nyttede bare ikke noget, for
regningen kommer før eller siden. Det er en af livets
sandheder, som jeg har prøvet at efterleve hele mit liv.

Det er helt sikkert vigtigt for mig, at mine børn ved, hvordan
jeg har det med dem og hvor højt jeg elsker dem. Jeg er
meget påpasselig med mine aftaler, når jeg er sammen med
mine to yngste børn. De kommer i første række, så jeg
tilrettelægger meget af min tilværelse for at kunne have tid
sammen med dem. Min dårlige samvittighed kommer straks
til udtryk, hvis de giver udtryk for, at vi ikke laver nok
sammen – eller jeg ikke er tilstedeværende i deres liv. Vi kan
alle sammen have travlt med arbejde, parforhold eller andre
projekter, men vi må aldrig have for travlt til vores børn.

Far og Søn 2015

Foto: Kurt Haugaard

Grandmaster Dee Pee & Soul Investors Live.

Foto: Peter B. Veistrup

Mine forældre

Det er min klare opfattelse, at man ikke kan blive til noget i livet, hvis man ikke er solidt forankret i andre mennesker. Står man helt på egne ben gennem hele livet, vil man på mange måder ikke være klar til de nederlag, der venter omkring hjørnet for alle mennesker. Musikbranchen er et godt eksempel, for den er jo fyldt med eksistenser, der havner i fortvivlede situationer, som aldrig slutter særlig lykkeligt.

Jeg har et meget nært forhold til mine forældre, som jeg virkelig holder af at tilbringe tid med. Udover, at de er min far og min mor, så ser jeg op til dem på mange forskellige punkter. De er energiske, engagerede, dyrker sport og holder sig i gang, selvom de er pensionerede og nemt kunne have gearet ned og sluppet styret. Det gør mig stolt, at de på den måde, har kunnet givet en arv videre til mig, som jeg kan bruge til noget i livet.

Alene det faktum, at mine forældre stadig er gift og sammen i dag, synes jeg er imponerende. De bor på samme adresse på Tårnby Torv og jeg ved altid, hvor jeg har dem henne. I en verden, hvor alting skal gå stærkt og alle vil nå det hele på den halve tid, lever mine forældre et simpelt liv. De lever ikke over evne, har begge ben solidt plantet på jorden og har det godt på alle mulige måder.

Jeg holder meget af at kunne lægge vejen forbi mine forældre. Jeg er meget optaget af tanken om, at den ældre generation ikke er her for evigt, så det er med at nyde godt af dem, mens man stadig kan og har muligheden. Jeg hører alt for tit folk sige, at de ville ønske, at de havde brugt mere tid sammen med deres forældre eller andre, som de pludselig har mistet. Den fejl vil jeg ikke begå og håber også, at jeg kan stimulere mine børn til at søge mit selskab, så de ikke vil fortryde noget den dag, hvor jeg ikke er her længere.

Der er alt for meget uvenskab i familier rundt omkring og det virker som om, at man har svært ved at se igennem forskellighederne og i stedet dyrke de ting, som gør, at man kan nyde godt af hinandens selskab. Det gør ondt i mig, at man kan have så meget ufred i sit liv, for der er nok af ufred ude i virkeligheden til, at jeg ville kunne holde ud, at det skulle foregå indenfor mine egne døre.

Min mor kommer fra Sverige, hvor mine forældre stadig har et sommerhus. Huset har fungeret som fristed for hele min familie i mange år. Jeg holder meget af turene til Sverige, hvor elektronikken får lov til at holde ferie – og mine forældre, børnene og jeg får kvalitetstid sammen. Der er noget befriende i, at selvom jeg i dag har to voksne børn og to mere, der er godt på vej mod egen selvstændighed, så sker der noget med os alle sammen, når vi først er landet i huset i Sverige. Travlhed, problemer og bekymringer bliver erstattet af Yatzy, gåture og fredfyldte samtaler.

Jeg håber, at huset i Sverige altid vil repræsentere den
nærhed, som vi har i min familie. Huset i Sverige har i hvert
fald oplevet en masse af den nærhed, kærlighed og omsorg,
som er synonym for min familie.

Foto: Privat

Jan, Per og Lis Pedersen

Foto: Privat

Min Bror

Udover at Lars er min bror, så har han også betydet meget
for starten på min karriere. Da jeg kom hjem fra USA, skulle
der ikke meget til, før han delte min begejstring for hiphop,
så der havde vi meget hurtigt en fælles vision.

Jeg har i flere medier oplevet forskellige fremlægninger af
min hjemkomst fra USA, hvor Lars med stor iver har
beskrevet hvilken type storebror han fik hjem. Det er ikke
alting jeg genkender ved min brors udlægning, men den
entusiasme og begejstring, som vi sammen lagde for dagen,
har vi aldrig været i tvivl om.

Da Lars er langt mere udadvendt end jeg er, gav hans facon
også mig en mulighed for at vokse. Især da Rockers lige
pludselig eksploderede, tog Lars og Øyvind jo hurtigt
høvdingepragten på og tog derfor en masse af den
opmærksomhed, der var rettet mod de fem fra Amager.

Det var meget tidligt i processen med Rockers, at det blev
vedtaget enstemmigt, at Lars skulle stå for den musikalske
del af projektet. Det var bestemt ikke alting, som vi derefter
var enige i, men Lars navigerede trods alt igennem det hele,
så vi kunne fokusere på tekster og alt det andet, som fulgte
med, da Rockers blev et etableret navn.

Jeg fik muligheden for at være iagttageren, som havde styr
på en masse af de ting, som de andre ikke altid havde
kontrol over.

Jeg blev den praktiske gris, som sørgede for, at tingene
kørte, når det gik rigtig stærkt. Her kunne jeg bruge mine
styrker, som også har været stærkt medvirkende til, at når
der har været bud efter Rockers, så har jeg kunne levere
historierne og de forskellige effekter, som jeg har gemt og
passet på. Alt det havde kun kunne lade sig gøre, fordi Lars
påtog sig rollen som frontmand og al den opmærksomhed,
der naturligt fulgte med den post. Det har jeg al mulig
respekt for i dag, selvom det dengang godt kunne være lidt
overvældende.

Min bror havde også et overblik, som jeg misundte ham.
Han havde mange bolde i luften og han havde en vision for
det projekt, der hed Rockers By Choice. Selvom vi var unge,
voksede Lars hurtigt med opgaven. Han etablerede sig som
producer og lavede pludselig en masse ting for andre
kunstnere. Det var ind imellem svært at følge med, for Lars
har et energiniveau som de færreste. Han forstår at følge
strømmen og har altid været meget målrettet, når han satte
nye projekter i søen. Han kunne sagtens lade sig mærke med
tingene, når et projekt ikke fik den tiltænkte succes, men han
var hurtig til at kaste sig over andre udfordringer og
konstant holde sig relevant.

For nogle år siden brød Lars ud som sanger. Det var
midlertidigt slut med at sidde bag pulten og lave andres
ting, selvom han stadig kaster sig over et projekt i ny og næ.

Nu ville Chief 1 ud og kæmpe med alle de andre dygtige popsangere, som er blomstret op efterhånden, som tiden er blevet moden til den slags. Han har haft succes med sin plan – og det overrasker mig ikke. Lars har en flid og en målrettethed, som tjente Rockers By Choice i alle de år, hvor vi eksisterede. Den har han endnu og det klæder ham, at han nu bruger energien på et projekt, som han helt og holdent selv er tovholder for.

Lars og jeg er meget forskellige. Han er udadvendt. Jeg er introvert. Han er god til at være midtpunkt, når han skal være det. Jeg vil helst være fri. Lars forstår branchen og vil altid have en fornemmelse for, hvordan han kommer ud til folket. Jeg tænker langt mere over tingene og går hellere den sikre vej – også selv om den ikke er ensbetydende med succes. Jeg misunder ham, at han kan alle de ting. Han misunder mig, at jeg kan balancere en karriere som rapper, en familie med fire børn og også passe et fuldtidsarbejde.

Vi ser ikke meget til hinanden. Timingen er altid dårlig, når man har to karrierer, vi begge har børn og ikke længere bor side om side på Amager. Det betyder dog ikke, at vi ikke er der for hinanden. Vi har den ting, som nogle søskende har, hvis de har lavet noget sammen intenst i mange år. Vi slider ikke lårene af hinanden, men vi nyder en gensidig respekt for hinanden. Det er jeg ikke altid lige god til at sætte pris på, så derfor er det magtpåliggende for mig at få det med her.

Jeg elsker min bror! Jeg er stolt af ham - og håber at alt det han kaster sig ud i, vil give ham succes i livet. Det har han fortjent.

Lars & Per Pedersen 1976

Foto: Privat

Lars & Per Pedersen

Foto: Privat

Lars, Lis og Per Pedersen 2020

Foto: Privat

Klaus

Jeg kan ikke sidde og opleve mit liv i retrospekt uden ikke at tale om bassist Klaus Nielsen, der er det musikalske geni bag Grandmaster Dee Pee & Soul Investors. Han har helt alene skabt et univers for mig, hvor jeg har det rigtig godt – både musikalsk og som menneske. Vi arbejder enormt godt sammen og Klaus er udover at være et dejligt og sympatisk menneske også en fantastisk sparringspartner. Vi har aldrig nogen problemer og vi er stort set altid på bølgelængde. At vi så samtidig er blevet fantastiske venner, gør kun alt det med musikken endnu bedre.

Klaus er på mange måder den primære årsag til, at jeg stadig brænder for at lave musik. Vi har skabt en musikalsk legestue, hvor vi gennem vores begejstring for den gamle musik, formår at skabe vores helt egen sound og stil. Klaus er en gudsbenådet musiker, som jeg har kæmpe respekt for på alle plan i livet. Det er hjerteblod, der flyder gennem musikken, når vi laver noget sammen og vi har en eminent forståelse for hinanden, når vi arbejder sammen på nye numre.

En af de ting, som jeg elsker ved at lave musik med Klaus er, at jeg har lært at slappe lidt af omkring, hvad andre skulle mene om musikken. Der vil altid være to lejre. Nogen der kan lide det og nogen der ikke kan lide det. Sådan er det bare. Som tiden er gået sammen med Klaus, har jeg mere eller mindre forenet mig med tanken.

Det var ellers noget, der kunne holde mig vågen om natten, for hvad nu hvis folk ikke kunne lide det? Det gider jeg ikke mere. Du kan aldrig tilfredsstille alle mennesker, så i bund og grund handler det om at tilfredsstille sig selv og dem man laver musikken med. Det er en konklusion, som jeg har nået ved hjælp af mit makkerskab med Klaus.

At lave musik med Klaus gør, at jeg føler mig enormt privilegeret. Jeg kan lave den musik, som jeg altid har drømt om. Når jeg så samtidig kan dyrke et tæt og nært venskab med et menneske som Klaus, så er det noget nær det tætteste, man kan komme på det perfekte miljø at skabe musik i.

At arbejde med Klaus har også sit helt eget liv. Vi starter gerne med en eller anden lille ting fra et gammel soul- eller diskonummer, som vi synes lyder fedt. Det kan være et beat, en lyd eller bare en følelse fra et eller andet, som lyder rigtig godt. Så bygger Klaus på med akkorder og nummeret bliver udviklet lag for lag. Pludselig sidder vi med et eller andet, som har fået sit eget liv – og så føler man, at nu er vi der!

Så går jeg hjem og skriver en tekst: Det kan jeg godt bruge en del tid på, for den skal sidde lige i skabet, før jeg er tilfreds. Så det er noget med at lytte til musikken i et loop og så finde et flow, som passer til musikken. Teksterne kommer oftest til mig, når jeg kan mærke stemningen i musikken. Herfra handler det om at ramme de skarpeste rim og samtidig fortælle en historie, der giver mening at lytte til.

Jeg kommer aldrig til at rime hjerte på smerte, bare fordi det lyder godt. Der skal være et budskab – og det skal være tydeligt og nemt at forstå. Det kan så virke banalt, når vores sange handler om at leve livet og få det meste ud af tilværelsen, men det giver mening i øjeblikket, for inspirationen henter jeg fra nær og fjern. Derfor er konklusionen på min oplevelse af det moderne menneske ofte, at vi har for travlt, forbruger for meget og ikke passer godt nok på os selv og hinanden.

Når jeg så har teksten klar, får vi indspillet vokalerne og som vores møder går, får vi et nummer indspillet færdigt. Noget går rigtig hurtigt og andet tager tid. Vi er begge to ret gode til at nå til samme konklusion, hvis et projekt ikke er særlig godt. Så stopper vi processen, inden der bliver lagt for meget arbejde i et nummer, som vi ikke kan se idéen i. Oftest ryger det i skraldespanden og en ny idé opstår kort efter.

Klaus har en masse gode idéer, tanker og forslag til lige at hælde lidt mere på et nummer. Her bliver det så min opgave at holde projektet lidt i kort snor, for Klaus er aldrig færdig med at producere et nummer. Han kan blive ved og ved, indtil jeg når et punkt, hvor jeg siger, at nu er vi færdige. Det er meget inspirerende og fascinerende at arbejde sammen med et menneske, der aldrig rigtig løber tør for gode idéer og nye indfald.

Det giver en harmoni i det musikalske parløb, at Klaus har øre for mere og mere musik og flere og flere lag, for det gør kun vores musik endnu bedre og giver endnu mere vellyd i vores produktioner.

Selvom tiden og mulighederne naturligvis er noget helt andet i dag, så er der en kæmpe kontrast mellem de komplicerede produktioner med Soul Investors og de ting, som jeg indspillede med Rockers By Choice, der var noget mere simple i sin opbygning og i lyden. Det er på mange måder interessant, at genskabelse af en sound fra halvfjerdserne kan lyde så meget mere gennemført end numre, som vi skrev og lavede i halvfemserne. Noget af det handler om, at hiphop skulle lyde råt og lidt forladt i produktionerne, men rigtig meget handler også om, hvor dygtig og begavet en musiker Klaus Nielsen er.

Venner For Altid

Foto: Privat

Grandmaster Dee Pee 2022

Foto: Nicolai Engel

Den introverte rapper

Jeg er enorm introvert. De første gange jeg optrådte som Dee Pee uden Rockers, stod jeg med solbriller på og gemte mig for publikum. Jeg var usikker og havde stort set ingen selvtillid i forhold til at stå helt alene på en scene. Jeg var også mere på gyngende grund omkring musikken, hvilket heller ikke hjalp mig på en scene. For hvordan skaber man en personlighed på scenen, hvis man musikalsk sejler rundt blandt forskellige genrer og ikke rigtig kender sit ståsted? Det kan man simpelthen ikke.

De første ti år af min solokarriere var mørk, dyster og et resultat af en masse private problemer og udfordringer, som fyldte alt for meget i mit liv. Min eftertænksomhed kom mig heller ikke til gode i den periode, for jeg tænkte enormt meget over tingene, hvilket ikke gjorde tingene bedre.

Jeg kæmpede i den grad med at finde mig selv i den periode. Mit privatliv var mildest talt rodet, jeg var ikke mig selv og min musikalske karriere stod i stampe. Jeg havde ingen tillid til andre mennesker og ingen selvtillid. Det var i den grad et vakuum, hvor jeg flere gange overvejede at stoppe med hiphoppen. Min bror Lars havde kæmpe succes som producer og idémand for en masse bands – og han fik med rette en masse succes, som han også kæmpede og sloges for. Chief 1 var synonym med god musik og Lars havde en helt anden indgang til tiden efter Rockers By Choice. Jeg følte mig alene og fandt ingen glæde i de musikalske projekter, som lå foran mig. Motivationen var væk.

Jeg var jo kommet fra en kæmpe succes med Rockers. Nu
stod jeg så helt alene. Jeg anede ikke, hvad vej jeg skulle gå.
Jeg vidste bare, at jeg skulle fremad, men hvordan og med
hvem kunne jeg ikke gennemskue.

Der gik en rum tid, før jeg fandt melodien. Jeg begyndte at
lave en masse musik med forskellige mennesker, der stak
lidt i alle retninger. Det var ikke optimalt på nogen måde,
men jeg var på en rejse gennem mit eget liv, hvor intet sted
var en sikker havn rent musikalsk. Jeg havde genfundet
lysten til musikken, men kompasset drejede i alle retninger.

Det bevirkede så også, at jeg fik ørerne i maskinen rundt
omkring. Når jeg fik kritik, tog jeg det virkelig til mig. Der
var et sted online, der hed rapspot.dk. Det var bare
øretævernes holdeplads for rigtig mange kunstnere. Når jeg
lavede noget nyt, kunne jeg være sikker på, at der kom
mindst tyve opslag fra sure folk, der hadede det hele. De
kunne ikke lide musikken eller min rap. Det hele var bare
dårligt. Det ramte mig på mange måder. Jeg tvivlede på mig
selv i forvejen, så alle de negative kommentarer, der bare gik
på mig og min musik, gjorde virkelig ondt.

På et tidspunkt overvejede jeg at give op. Jeg orkede ikke
rigtig mere. Når jeg tog ud og spillede, stod der to ludere og
en lommetyv – og det påvirkede mit humør. Endnu værre,
påvirkede det endnu engang også min lyst til at lave musik.

Jeg lærte dog med tiden at vende den hårde kritik til noget
positivt. Kigger jeg tilbage på det nu, kan jeg jo også godt se,
at meget af kritikken var berettiget. Når man er introvert og
sejler rundt sådan helt tilfældigt, så bliver resultatet jo også
herefter. Nu når jeg hører noget af det i dag, kan jeg jo godt
høre, at noget af det var pissedårligt.

Selvom jeg er introvert, er det stadig vigtigt for mig at lave
musik. Jeg føler mig velrepræsenteret af musikken, som jo
også fungerer som en slags terapi for mig. Jeg har alle dage
haft et normalt arbejde ved siden af, så derfor har jeg
prioriteret musikken som en vigtig kontrast til den grå
hverdag, som vi alle sammen oplever. Når jeg står på
scenen, så er jeg virkelig i live. Jeg kan udleve min kærlighed
til musik og det er meget livsbekræftende, at kunne bruge
musik til at kommunikere tanker og følelser ud på.

Mange spørger mig, hvordan min introverte person fungerer
kontra ham med guldskjorten, kæderne og de funky
solbriller, som de oplever på scenen, når Grandmaster Dee
Pee & Soul Investors fyrer den af. Det er et meget bevidst
valg, som jeg tog for nogle år siden. Det skulle ikke være så
trist at stå på scenen – og så tog jeg beslutningen om at køre
linen helt ud og gå hele vejen. Skjorten er skræddersyet i
Australien, for den slags kunne man ikke lige købe i
Danmark. Guldbukserne blev indkøbt fra England og så var
jeg så heldig, at få fat i et par gamle Adidas guldsko og et
par superfede solbriller, der minder om Barry White i
70'erne. Det er virkelig en drøm, der er gået i opfyldelse.

Når man kommer dertil, hvor man stiller sig op i den slags tøj, så får man automatisk mere selvtillid. Det er en ting, som jeg generelt sætter pris på ved at blive ældre i denne her branche. Erfaring giver mod, der bliver omsat til selvtillid. Det kan jeg også godt mærke, når jeg skriver tekster. Jeg skriver hvad der passer mig og tør meget mere end jeg gjorde før i tiden.

Man begynder også at hvile meget mere i sig selv, så nu foregår der en større leg med ord i mit tekstunivers og det samme omkring, hvordan jeg bruger min stemme. Det er bestemt en af de ting, som har båret frugt ved at blive ved og ved. Det var eksempelvis en udfordring at skrive "Blær", for den slags er slet ikke mig normalt. Men når man får erfaring og selvtillid – og når man synes, at det man laver, er rigtig godt, så tør man godt skrive "fucking blær".

Tilblivelsen af denne bog har også lært mig rigtig meget om mig selv. Jeg har fået svar på spørgsmål, som jeg ikke rigtig har turdet stille mig selv. Jeg har fået mod på langt mere, fordi jeg igen og igen er blevet udfordret på min introverte person. Når man sidder overfor en forfatter, der ikke tillader overfladiske politikersvar, så giver det sig selv, at man er nødt til at tage ansvar for det liv, den historie og de omkostninger, som en karriere i musik nu engang har. I virkeligheden har det introverte kostet mig allermest i livet.

Jeg har været for dårlig til at bryde med gamle vaner og til at turde kaste mig ud i projekter, som jeg ikke havde fuldstændig kontrol over. Jeg har også været for dårlig til at give folk mere af mig selv, hvilket jeg har måtte sande, nu hvor mit liv skulle nedfældes på papir. Det er heldigvis ikke for sent at lave om på noget af det. Fortiden må man tage ejerskab af – især hvis man er introvert. Gør man ikke det, går man glip af alt for meget af fremtiden.

Vi lever kun en gang. Vi har livet til låns, så hvorfor ikke give fuld gas? Det kan lyde som en floskel, men jeg vil ikke stå og ærgre mig, når det hele er slut. Så hellere tage chancen på de ting man elsker, for ellers er det ikke værd at lave.

Grandmaster Dee Pee 2020
Foto: Ian Tomkins

Keeping it straight

Jeg har det altid i baghovedet og har altid været principfast omkring det. Man skal være professionel, opføre sig professionelt og passe sine aftaler. Det virker som om, at det nærmest er moderne og oppe i tiden, at man bare kan komme, når det passer ind i ens egne planer, når man møder og hører om andre kunstnere. Sådan har jeg det ikke og sådan har jeg aldrig haft det.

Jeg går meget op i den slags, som for mange andre kan virke ligegyldigt, men jeg mener virkelig, at hvis man passer sine ting og sine aftaler, så skinner det igennem i alt det man laver i livet. Jeg føler, at man som minimum bør være professionel som kunstner, hvis man vil have succes med det man laver. Der er alt for meget, der får lov til at sejle i den danske musikbranche – og det er alt for sjældent, at punktlighed og ordentlighed er en del af gamet i hiphopbranchen.

Det samme gør sig gældende, når jeg skal lave tekster til de musikalske projekter, som jeg laver med Klaus Nielsen i Soul Investors. Jeg møder altid forberedt op med teksterne klar. Det er ikke noget med at sidde nede i studiet og skrive teksterne, som man gjorde i gamle dage. Klaus har sit eget studie og det er hans tid, som jeg spilder, hvis jeg bare kommer uforberedt til en studiedag. Det gør også, at studiedage oftest er langt mere produktive, for vi skal ikke sidde og lave tekster midt i det musikalske univers, som vi kan være fuldstændig opslugte af.

I sidste ende resulterer arbejdsmoralen og professionalismen i et langt bedre produkt. Jeg har alt for mange gange siddet i et studie, hvor man har spildt halve og hele dage på at vente på folk, der enten ikke dukker op eller kommer uforberedte.

Det er almindeligt kendt, at kunstnere er nogle rodehoveder, der ikke rigtig har styr på tingene. Det univers fungerer jeg ikke i. Der skal være disciplin i det man laver, ellers lider ens arbejde unødvendigt meget af for meget spild og uro, som ikke rigtig gavner nogen.

Derfor kan jeg også godt have det rigtig stramt, når jeg møder folk, der lever op til fordommene og ikke rigtig har styr på tingene og generelt rod i tilværelsen. Man kan sagtens hvile på sit talent et langt stykke hen ad vejen, men man slider også på selvsamme talent, hvis man kaster tingene overbord, fordi man ikke kan holde aftaler, glemmer ting eller bare ikke er fokuseret i sit arbejde.

Da jeg med Grandmaster Dee Pee & Soul Investors indspillede Det Groove (Lever 4 Dig) var vi så heldige at få lokket Jørgen Klubien fra Danseorkestret med på vokal. Jørgen leverede en lækker vokal på nummeret, som endte med at blive det mest spillede track på Soul Investor albummet. Da vi senere skulle lave en video, dukkede Jørgen Klubien ikke op. Jeg måtte ringe til ham, men det passede pludselig ikke så godt.

Her stod vi så og havde hyret fotograf, gjort klar og alle stod klar i lækkert diskotøj, for vi var alle enige om at skulle se skarpe ud til indspilningen af den nye video. Jeg måtte ringe til Jørgen igen, der modvilligt indvilgede i at møde op til indspilningen. Jeg har egentlig ikke lyst til at forklare, hvordan resultatet af indspilningen blev, for du kan selv gå på YouTube og opleve det med egne øjne. Vi står alle knivskarpt i den video – undtagen Jørgen Klubien, der mødte op i en sort t-shirt og stak ud som en bullen tommelfinger. Siden da har jeg gjort ekstra meget ud af at sørge for, at gæsteartister altid er velforberedte og motiverede til at være med. Alt andet ender med at gå ud over det færdige resultat – og i sidste ende ser alle involverede dumme ud.

Min søn, Alexander, der jo også producerer hiphop med sit eget pladeselskab Affiliated, møder konstant mennesker, som enten kender mig eller har arbejdet sammen med mig. Han fortæller altid, at det er de samme ting, som folk siger om mig. "Din far er i orden, for han har altid styr på tingene." "Din far holder sine aftaler og er til at stole på." Den slags gør mig glad, for jeg ved jo godt, at dansk hiphop er en lille indspist gruppe af menneske, hvor folk husker hvordan andre har behandlet dem. Så det glæder mig, at jeg altid har holdt min sti ren – at det er den slags, som folk husker mig for.

Jørgen Klubien 2015

Foto: Privat

Hverdag og Fest

Meget tidligt i livet oplevede jeg, hvordan min far balancerede sin musikalske karriere med et fast arbejde. Selv om han lavede musik med Teddy, Chano, Jan og John, The Scarlets og The Clifters, passede han sit arbejde. Han kunne spille på Færgen Sjælland med Clifters en torsdag aften og alligevel tage på arbejde næste morgen. Han var ukuelig og forstod at finde en balance. Derfor var det også naturligt for mig at få mig en uddannelse og et arbejde.

Jeg fungerer bedst i trygge omgivelser, hvor jeg kender dagen i morgen, så derfor gav det sig selv, at jeg ikke skulle være afhængig af min musik og de indtægter, som den måtte kaste af sig. Jeg ville ikke kunne overskue at skulle ligge søvnløs om natten, fordi jeg var afhængig af indtægterne fra billetsalg, antal streams og solgte plader.

Selvfølgelig kræver det en enorm disciplin at kunne adskille tingene, for ligesom man ikke kan være halvt inde i sin musik, kan man heller ikke tillade sig at være halvt på arbejde. Så når jeg er på arbejde, så passer jeg mine ting, holder mine aftaler og er den bedste medarbejder jeg kan være. Omvendt, så fylder mit arbejde ingenting, når jeg så har fri, for så prioriterer jeg, udover min familie, musikken og den karriere jeg har med Soul Investors.

Det er ikke en måde, der fungerer lige godt for alle. Det er jeg helt bevidst om.

I min optik, så har jeg det godt med, at jeg lige præcist ved, at jeg kan prioritere min musik og derfor kan hellige mig tingene hundrede procent – og at det aldrig skal handle om, hvor meget jeg sælger og hvor meget jeg tjener på min musik.

Det er selvfølgelig vigtigt for mig, at folk ikke tænker og tror, at jeg så bare har musikken som en hobby. For mig er det bare to forskellige karrierer, som jeg jonglerer på den måde, der fungerer allerbedst for mig. Jeg ser det også fra en vinkel, hvor jeg kan tillade mig at lave den musik, som jeg elsker og brænder for.

For hvad gør man, når man skal betale huslejen og man sidder med en tekst, som man måske ikke helt kan få hul på? Skriver man så bare et eller andet, som man ikke kan stå inde for? Dropper man projektet? Det ville jeg ikke kunne håndtere, for valget ville i sidste ende blive økonomi over kunstnerisk integritet. Jeg har kæmpe respekt for de mange musikere, som kan styre det og er dygtige til at holde orden i tingene, men det ville jeg ikke selv kunne gøre. Det har jeg nok selvindsigt til at vide.

Nu hvor verden har stået i flammer siden marts 2020 er jeg endnu mere taknemmelig for, at jeg har valgt, som jeg har gjort. Jeg kan jo godt se, at der sidder kollegaer i musikbranchen og er rigtig pressede.

Det er hårdt nok, ikke at kunne komme ud og spille sin musik, uden ikke også skulle sidde og frygte, at man mister sit hus og hjem.

Man står i lære hele livet, når man gerne vil lave musik. Man bliver aldrig færdiguddannet. Derfor skal man også værne om, hvordan det bedst muligt kan lade sig gøre at udvikle sig som kunstner. Med tiden har jeg lært, at det kræver en standhaftighed omkring, hvad man har lyst til og helst gerne vil slippe for. På denne her måde, skal jeg ikke lave huslejemusik eller deltage i projekter, hvor jeg ikke kan se mig selv. Om det er den rigtige eller forkerte måde, skal jeg overhovedet ikke gøre mig selv til dommer over. Det er den rigtige måde for sådan en som mig.

Selvom jeg selvfølgelig altid ville ønske, at min musik havde et større publikum, så har jeg det på mange måder helt fint med, at musikken ikke fylder mere end det gør. For hvad nu hvis Soul Investors blev kæmpestort? Hvordan skulle jeg så kunne balancere det? Omvendt gik det jo helt fint, da jeg var i Rockers By Choice, men det er da noget, som jeg tænker over ind imellem.

L.O.C. Roskilde Festival 2009

Foto: Klaus Nielsen

Laver du hiphop?

Når jeg møder folk, der ikke interesserer sig synderligt for musik, bliver jeg tit mødt med en slags afstandtagen, fordi jeg laver hiphop. Er det ikke noget med gangstere, spørger folk? Er du så kriminel eller på stoffer, spørger andre?

Jeg har det meget ambivalent med hiphoppens historie og den fortolkning, der foregår ude i befolkningen. For udover det faktum, at nutidens hiphopstjerner sandsynligvis aldrig har hørt om Kurtis Blow eller Melle Mel, så eksisterer der en skæv referenceramme, som jeg mener er hiphoppens akillessene.

Mange opfatter nemlig hiphoppen, som en musikstil der tager udgangspunkt i gangsterrap. For var grupper som N.W.A. egentlig gode for hiphoppen? Det er jeg selv meget i tvivl om, for man kan tit have svært ved at finde positive budskaber i musik, der i bund og grund hylder voldskultur, nedgørelse af kvinder og forherligelse af stoffer og skydevåben.

Der foregår en historieforvanskning, når nutidens unge bilder hinanden ind, at hiphop skal være hård og voldelig, fordi sådan var det dengang det hele startede. Det er naturligt, at det oprør der har foregået i USA i mange år, er blevet reflekteret i musikken, fordi det har været mange sorte amerikaneres eneste chance for at blive hørt.

Jeg har det bare svært med, at gangsterrap skulle have været fødested for hiphop, for det originale fødested var jo baseret på at bruge musikkens stemme til at sprede mere positive budskaber end "fuck the police".

Derfor har jeg det svært med, at folk automatisk forbinder musikken med alt mulig lort som kokain, gangstere og våben. Det er en rolle, som kan virke utrolig svær at komme ud af, hvilket er rigtig ærgerligt.

Jeg hører ikke særlig meget moderne hiphop. Det er ikke fordi, at jeg ikke synes, at de moderne kunstnere er dygtige, for det er de bestemt. Ligesom musikere er blevet rigtig dygtige, så er mange rappere også enormt teknisk begavede. Jeg ville jo overhovedet ikke kunne hamle op med den måde, som mange rapper på i dag. Det flow og de tekster, som man kører med i dag, er virkelig avancerede. Til gengæld har jeg accepteret, at min erfaring og min stil jo er min egen og selv om musikken har forandret sig, så har jeg aldrig været klar til at ændre på min egen stil. Der er ikke andre, der lyder som jeg gør – og det har jeg det rigtig fedt med.

Da jeg gik solo efter Rockers By Choice, havde jeg mange tanker om hvem, hvad og hvordan jeg skulle lyde. Jeg brugte lang tid på at ville lyde, som de kunstnere der var fremme på det tidspunkt. Det fandt jeg meget hurtigt ud af var en dårlig idé. Man skal lyde som sig selv. Man skal være tro mod det, som man går og laver.

Det nytter ikke noget, at man stilmæssigt går på kompromis med sig selv fordi, at der er noget oppe i tiden. Det virker ikke.

Det er også sådan noget, som tager mange år at finde ud af. Man skal blive klog på sig selv. Det tog mig mange år at navigere rundt i, før jeg landede i Soul Investors universet, hvor jeg kunne føle mig hjemme med min egen stil.

At blive ældre og mere erfaren i livet, handler også om noget helt personligt. Jeg føler, at jeg overfor mig selv har noget at skulle bevise ved hvert nyt nummer. Jeg har min egen stil, men det betyder ikke, at jeg ikke har ambitioner. Jeg vil gerne blive en endnu bedre rapper. Jeg vil gerne blive endnu bedre til at stå på en scene. Det er en personlig udvikling, så man vil i sidste ende også gerne blive et bedre menneske.

Jeg siger gerne, at min fortid er min mentor. At jeg navigerer i nutiden ved at forholde mig til min fortid. Jeg ser det som en menneskelig styrke, at man kan lære af sine fejl, men det her stikker lidt dybere. Jeg vil også gerne lære af min succes, for hvis man skal lave det, man elsker, så skal man også huske på, hvor hårdt man har arbejdet for tingene. På den måde kan jeg omsætte summen af min fortid til at skabe min egen fremtid. Det gælder i alle livets henseender. Om det er musik, kærlighedsliv eller børneopdragelse. Forstår man sin fortid, kan man nemmere tage bedre beslutninger i fremtiden.

Derfor er mange af mine tekster også retrospektive. Det er ikke fordi, at jeg lever i fortiden, men handler langt mere om at fortiden er en slags terapi, som jeg kan bruge i nutiden.

Pelle Peter Jencel DR 2018

Foto: Privat

Hiphop Legender

Her i Danmark er vi rigtig gode til at hylde dygtige og populære mennesker. Desværre sker det oftest først, når de mennesker ikke er blandt os længere. Når man har fyrre års jubilæum i det her game, så kan man ikke andet end at undre sig over, hvor lidt vi egentlig har gjort for at hylde hiphoppen herhjemme.

Personligt er jeg ret ligeglad med, hvorvidt jeg får æren for noget som helst. Den ære, der tilfalder mig, kan jeg sagtens kanalisere ud i noget konstruktivt, som en jubilæumskoncert eller den bog, som du sidder med i hånden lige nu. Men kigger man på hiphoppen og hvor populær genren er i dag, undrer jeg mig da over, hvorfor pionererne ikke har fået mere opmærksomhed?

Lytter man eksempelvis til rockmusik, kan man være født i dette årtusinde og stadig være helt bevidst om, hvem de store grupper fra 70'erne og 80'erne var. Man lytter sågar til deres plader, fordi historien har vægt og betyder noget. Det er ikke lige meget, hvem Metallica, AC/DC eller Guns N ' Roses er. Sådan er det ikke med hiphoppen. Ingen bekymrer sig om historien, for den har slet ikke den samme kulturelle vigtighed. Gadekulturen lever i bedste velgående. Den har måske aldrig levet bedre, men hiphop handler meget mere om nuet og fremtiden end om den støvede fortid, som ingen bekymrer sig om.

Jeg laver jo stadig musik, hvor jeg stadig holder fast i
hiphoppens rødder, så jeg skal naturligvis ikke klage.
Rockers fik jo også en kæmpe modtagelse landet over af
begejstrede fans, da vi tog på 30-års tour – og den oplevelse
var jo helt vild, for det gik op for os, at vi bestemt ikke var
glemt. Gudskelov for det, for vi kæmpede sammen med
blandt andet MC Einar en kamp for at gøre musikken
legitim nok til at blive spillet i radioen, være en del af en ny
kultur og samtidigt vise, at vi ikke bare var en døgnflue.

Det var også en stor ære at blive kontaktet af Ragnarock
Museet i Roskilde, som allerede skrevet, har min gamle
Adidas træningsdragt hængende, sammen med min pokal
fra DM i Breakdance fra 1984. Det var en fed oplevelse at
komme ned og opleve, at minderne fra dengang blev vist
frem, for det er jo mine ting, mit liv og mit blod, som de
effekter repræsenterer.

Det som jeg til gengæld kan begræde, når det kommer til at
hylde de danske hiphoplegender er, at alt for mange navne
vil forsvinde hen i glemslen, som tiden efterhånden går. Der
var så mange kreative mennesker i hiphopmiljøet, der var
foregangsmænd for så meget, som risikerer at blive glemt.
I dag er mange af dem stadig kreative og laver alt muligt
andet, som intet har med hiphop at gøre. Deres historier dør
med dem, for selv om enkelte medier har gjort deres for at
fortælle historien, så eksisterer behovet for at forstå og kende
kulturens legender bare ikke.

Grandmaster Flash og Grandmaster Dee Pee

Er man i hiphop eller kender til branchen, ved man også, at
det er en branche, hvor der ikke bliver givet noget ved
dørene. Det er en barsk verden, hvor sandheden kommer råt
for usødet fra alle kanter, hvis nogen skulle lave et skidt
nummer, sige noget forkert eller gøre noget anderledes. På
internettet er hiphopgrupperne oftest de grupper, hvor
bølgerne går højest. Folk beskylder hinanden for alt og
ingenting og respekt er kun et ord, der sjældent afspejler sig
i folks opførsel.

Jeg har altid været meget ydmyg overfor legenderne i
hiphop. Det var derfor heller ikke uden en vis stolthed, at jeg
efter at have været i dette her game i mere end tredive år,
tog navneforandring fra Dee Pee til Grandmaster Dee Pee.
Jeg var nået dertil, hvor jeg følte, at jeg havde gjort mig
fortjent til titlen og det er da heldigvis blevet flot modtaget
alle steder fra. Jeg var ellers klar til folk, der med høtyve og
fakler var klar til at fortælle mig, hvad de mente om min nye
titel som Grandmaster. Kritikken udeblev og jeg overlevede
min navneforandring.

Det bevirkede til gengæld så, at jeg var en smule nervøs, da
jeg skulle varme op for mesteren selv – Grandmaster Flash
som DJ i Amager Bio. Der var jeg ydmyg nok til at bede
arrangøren af koncerten om ikke at bruge Grandmaster
titlen til mig på plakaten, for jeg ville ikke træde selveste
Flash over tæerne.

Min første oplevelse med Grandmaster Flash endte ikke ligefrem særlig positivt. Jeg havde set frem til mødet med mit store idol, som jeg virkelig havde gået og glædet mig til. I stedet blev jeg mødt af en sur, gnaven og total ligeglad person, som hverken gad at hilse eller lige snakke to sekunder. Han opførte sig enormt arrogant og selv om han sagtens kunne have haft en dårlig dag, var det ikke ligefrem et indtryk, der imponerede mig særlig meget.

Heldigvis er jeg bedre opdraget hjemmefra. Min far har været i musikbranchen i rigtig mange år, så han har altid fortalt mig, at man skal pleje sine fans og have fødderne solidt plantet på jorden. Det er noget, som jeg har efterlevet i hele min karriere, for man skylder altså folk at møde dem i øjenhøjde, hvis de tager sig tid og bruger energi og penge på at opleve en koncert eller lytte til ens musik.

RBC & Kurtis Blow 2016

Foto: Privat

Rockers By Choice LIVE 2015

Foto: Kurt Haugaard

Historikeren

Når jeg står på scenen med Grandmaster Dee Pee & Soul Investors, så fortæller jeg gerne lidt anekdoter eller deler ud af den viden, jeg har om hiphoppen. Det giver efter min mening koncertoplevelsen et ekstra pift, hvis man som kunstner selv er bevidst om, at man udover at komme med sin nye musik også repræsenterer et stykke musikhistorie, fordi man har været med i mange år.

Når jeg skriver teksterne til Soul Investors numrene, så er jeg ligeledes meget opmærksom på, at der er nogle rødder og noget historie, som jeg er forbundet med – netop fordi der er gået fyrre år.

Jeg er på en slags mission, om man vil det. Jeg ser mig selv som en missionær for, hvad der engang var. En fanebærer for den gamle skole og de elementer, som der nu engang er forbundet med hiphoppen fra dengang, jeg selv begyndte. Jeg laver hele tiden ny musik, men det er frugt fra nogle træer, der er blevet til af rødder, der blev skabt af de ting, som jeg selv plantede engang. Det er vigtigt for mig på mange måder at illustrere, hvordan der har været en rød tråd gennem min karriere rent historisk, som så bliver afspejlet i min musik og karriere generelt.

Det kan lyde enormt højrøvet, selv om det er langt fra min intention, men jeg føler det som en pligt at holde den gamle skole i hævd.

Hvis man har været med til at skabe historie, så forpligter
det på en måde, hvor man skal følge tingene til dørs. Så kan
jeg ikke pludselig lave noget andet musik i en helt anden
genre, for det ville jeg opleve som svigt af mine egne
musikalske rødder. På den måde går tingene heller ikke tabt
eller taber mening. Det føler jeg er vigtigt, hvis man gerne vil
skabe noget kunstnerisk. Hiphoppen bruger ofte udtryk som
at sælge ud, når kunstnere opgiver sig selv og deres identitet
for at jage det næste store hit eller den berømmelse, som de
engang havde. Det sidder i kroppen, at det aldrig bliver den
vej, som jeg vil gå. Slet ikke efter fyrre år i gamet, hvor jeg
aldrig har været andet end tro mod mig selv og den musik,
som jeg elsker, ånder og lever for.

Uanset hvor stor hiphop blev i 90'erne med Den Gale Pose,
Clemens og alle de andre, så var vi i Rockers By Choice –
sammen med MC Einar ret alene om at bære fanen i 80'erne.
Der var bestemt andre, som eksempelvis Rip Rap Rock der
bød sig til, men ingen nåede længere end til mixtapes og
lokal berømmelse i en ungdomsklub eller et lokalsamfund.
Derfor opfordrer jeg oftest folk til at fortælle deres egen
historie, i stedet for at skælde ud på os, der har fortalt vores.
Det er for nemt at skælde ud på Einar, Peyk, Chief 1 eller jeg,
når vi gang på gang møder op i Go' Aften Danmark,
Aftenshowet og i andre medier og gør os selv til dansk
musikhistories hiphop pionerer. Historiefortællingen har vi
ikke monopol på, så hvis du sidder og er indebrændt på
Facebook, Twitter eller Instagram, så fortæl din historie. Lad
os høre, hvor du har danset, rappet eller lavet graffiti.

Hvis ikke du har nosser nok til at fortælle din historie, så lad
være med at bebrejde os andre, når vi får muligheden for at
fortælle om vores oplevelser.

Personligt oplevede jeg en del af den slags, da dygtige
mennesker med begrænset succes prøvede at skabe
Amargeton i 2022, som var et virkelig fedt koncept. Her
kørte man en række events, hvor folk fik mulighed for at
møde kulturpersonligheder fra Amager, der hver især
fortalte deres historie om dansk hiphop og deres oplevelser.
Det hele kulminerede i en kæmpe fest i Amager Bio, hvor en
masse fede kunstnere gav fuld gas på scenen. Det var et
utrolig ambitiøst projekt, der slet ikke fik den bevågenhed,
som det i virkeligheden havde fortjent. Mest af alt irriterede
det mig, at annonceringen af de forskellige arrangementer
på de sociale medier blev mødt af folk, der følte sig overset
eller snydt for opmærksomhed. De samme folk slog igen og
igen på tromme for, at de skam også havde haft indflydelse
på hiphoppen i Danmark. Jeg undlod at deltage i den debat,
men det ændrer ikke på, at jeg aldrig får respekt for de
mennesker, der sidder bag et tastatur og bebrejder os andre
for, at deres historie ikke er blevet fortalt. Hvis du vil være
relevant for historieskrivningen, bør du som minimum
fortælle din historie.

Rockers By Choice 4ever

Foto: Morten Ryming

Rockers by Choice 2015

Foto: Kurt Haugaard

Go' Aften Danmark 2019

Foto: Privat

Musik

Jeg elsker musik. Jeg kunne ikke leve uden musik og jeg kan ærligt ikke huske, at jeg ikke har haft musik i mit liv. Som allerede nævnt var min far musiker og musik var en helt naturlig ingrediens i min opvækst. I dag står min musik stadig i stuen, selvom de fleste af mine jævnaldrende nok har smidt deres gamle plader ud – eller har dem stående i en kælder, hvor de ikke fylder eller forstyrrer den æstetik, som følger med den moderne minimalisme.

Min første kæmpe oplevelse med musik var i Brøndby Hallen i februar 1982, hvor min far tog mig ind og se Earth, Wind & Fire. Jeg kan huske, at jeg bare stod på gulvet i Brøndby og tænkte, at jeg ville være ligesom dem en dag. Det fede tøj med guld pailletter, den groovy musik og det svedige beat. Det var rigtig meget det med tøjet og da vi kom hjem til Tårnby, sagde jeg til min far, at det var noget fedt tøj, som de havde haft på.

Musikken var ikke helt så vigtig den aften, selvom det selvfølgelig var den totale oplevelse, der blæste mig fuldstændig bagover. Siden da har jeg gået rundt med den tanke, men kunne ikke rigtig finde musikken, der kunne bære det. Det har jeg så fundet nu og guldskjorten har jeg da også.

Musik handler for mig også om arv. Musik og glæden ved at opleve musik er noget, man giver videre.

Min far er og var en dygtig trommeslager og har spillet i blandt andet Clifters og Teddy, Chano, Jan og John. Som barn var musik en integreret del af mit liv – og kærligheden til musik gav mig vinger. Jeg har rejst til New York flere gange på grund af musik og jeg glæder mig til stadighed til nye koncerter og musikalske oplevelser, når store kunstnere kigger forbi vore breddegrader. Når jeg i dag oplever min datter, der er teenager og meget musikinteresseret, slæbe vinyler hjem, der indimellem kan være fra før min tid, bliver jeg bevæget over, hvordan musik lever mellem generationer. Min fars musik rører ved min datters generation. Det er svært at finde et smukkere eksempel på, hvad musik gør ved mennesker.

Jeg oplever musik som følelser til trods for, at jeg selv har lavet musik i snart 35 år. Når jeg hører et fedt beat, et super track eller genkender et nummer, som jeg ikke har hørt i tredive år, bliver jeg påvirket positivt, uanset hvor dårlig eller god min dag ellers har været. Er jeg stresset, træt i hovedet eller bare godt gammeldags frustreret over hverdagens genvordigheder, finder jeg mine gamle vinylplader frem og tænder op for de Technics 1210'ere – og snart er alle livets udfordringer erstattet af en lykkefølelse.

Jeg er helt bevidst om, at mange andre har det med musik på samme måde som jeg, men jeg er omvendt også sikker på, at vi bliver færre og færre, der forstår at sætte pris på musikken på den måde, at en god sang kan redde en ellers skidt dag.

Musik er i den grad blevet et produkt, som vi ikke rigtig kender værdien af. Vi kan streame uendelige mængder af musik i en hel måned for samme pris, som jeg måtte betale for en enkelt LP, da jeg var teenager. Numrene, der hitter på Spotify, bliver kortere og kortere i takt med, at lytternes koncentration og opmærksomhed bliver mindre og kortere. Ingen forstår og genkender det dilemma, som jeg voksede op med: Du har tredive kroner og har råd til en enkelt syv-tommer single. Du står i pladeafdelingen hos Kaj Anthonsen Radio & TV på Tårnby Torv og har tre fede hits at vælge imellem. Går du hjem med den forkerte single er du tvunget til at høre det samme nummer ti gange om dagen, mens du bittert fortryder, at du ikke valgte et andet nummer. Et dilemma der er umuligt at forklare, når musik med tiden er blevet noget, man hører ud af en højtaler på en mobiltelefon. Når musik er reduceret til brudstykker af tre eller ti sekunder, før man er videre til næste nummer. Jeg forstår det ikke, men det er heller ikke meningen. Jeg er i skrivende stund 57 år gammel. Jeg kommer aldrig til at forstå det.

Allan Mortensen i Studiet 2017

Foto: Privat

Peter Peter 2005

Foto: Hannah Paludan Kristensen

Ida Wohlert 2016

Foto: Privat

Fyrre år i branchen og hvad så?

Når man har lavet noget, som man virkelig elsker i rigtig mange år, så kan det vært svært at gennemskue, hvornår festen ender. Man går og tænker over, hvornår det hele er slut, for kan man bare blive ved og ved?

Jeg har da tænkt, om man bare skulle lave den sidste jubilæumskoncert, udgive denne bog og så takke af med ordene om, at det så var min sidste optræden. Det kommer bare ikke til at ske, for nu er jeg på mange måder der, hvor jeg allerhelst vil være i mit liv rent musikalsk.

Jeg laver den slags musik, som jeg selv elsker – og jeg laver den med folk, hvor det hele går op i en højere enhed. Jeg har, sammen med Klaus, fundet en musikalsk kerne i disko-rap, som i virkeligheden er en kæmpe guldgrube af muligheder rent musikalsk. Det er en genre, som vi er helt alene om her i Danmark – og som har givet os et uendeligt antal muligheder af lækker lyd, som vi kan boltre os med igennem mange år. Så jeg bliver ved, indtil jeg fysisk ikke kan mere.

Jeg har også en indre stædighed. Jeg har meget mere i mig. Der er mere at give af – og selvom vi ikke er mange tilbage, der stadig er aktive indenfor hiphop, vil jeg da gerne være "the last man standing". Jeg har jo aldrig lænet mig tilbage i sofaen og givet slip på ambitionerne. Musikken er i konstant udvikling og kigger man på det, som jeg har lavet gennem tiden, så er det jo også et vidnesbyrd om forskellige sæsoner i mit liv.

Så selv om man med rette kan kalde min tilstedeværelse i hiphoppen for en slags efterår, så skal jeg nok formå at holde gang i gryden længe endnu.

Det havde været nemt for mig at rejse rundt på ryggen af gamle Rockers By Choice sange og give gas til julefrokoster og den slags, men det er ikke min stil. Selvom musikken er retro, er mit blik konstant rettet fremad. Jeg kan sagtens kigge mig tilbage i spejlene, men det bliver aldrig der, hvor mit musikalske fokus vil være.

Jeg befinder mig rigtig godt i det lydunivers, som jeg har skabt med Klaus i Soul Investors. Det betyder ikke, at jeg ikke har ambitioner om lige at gøre det lidt bedre – og hele tiden søge efter de sidste procent, så jeg kan føle mig i en eller anden form for fremdrift som rapper og som kunstner.

Det fylder meget i mig, at jeg gerne vil vise folk, at jeg ikke er færdig. Jeg har meget mere at give af. Samtidig handler det for mig også om, at jeg nu mere end tredive år efter debuten med Rockers By Choice føler, at jeg har mandat til meget mere end jeg havde dengang.

Det siger jo sig selv, at når man er i gruppe med fire meget forskellige personer, så skal der råbes højt, hvis man vil have sin mening igennem. Det gjorde jeg ikke i Rockers By Choice, for sådan er jeg bare ikke.

Nu er jeg alene med Klaus i Soul Investors og pludselig er der en kreativ pingpong, hvor idéer, tanker og sjove indfald får plads, for i vores musikalske partnerskab fungerer den ene ikke uden den anden.

Naturligvis er jeg hverken naiv, blind eller døv. Jeg ved godt, at der ikke venter berømmelse, hitlisteplaceringer eller store turnéer i min fremtid længere. Grandmaster Dee Pee & Soul Investors er et projekt drevet af kærlighed til en musik, som hittede for fem årtier siden. Vi har vores eget publikum, som er en gruppe voksne mennesker, der genkender det musikalske univers, som vi har skabt over mere end ti år sammen.

Derfor er det også vigtigt for mig at slå fast, at jeg aldrig vil stoppe med at være taknemmelig for de mennesker, der utrætteligt spiller vores musik, kommer til vores koncerter og deltager aktivt på de sociale medier. Jeg elsker den relation, som jeg har med de mennesker, for i virkeligheden deler jeg deres loyalitet og kærlighed til musikken.

Jeg blev under tilblivelsen af denne bog også lokket ud i at spille mine gamle vinylplader live, som foregår via platformen Mixcloud. Her kan jeg et par fredage om måneden hellige mig den musik, som jeg selv voksede op med – og dele den i et fællesskab med Soul Investors fans, der ligesom jeg lader sig rive med af rytmerne fra en svunden tid.

Det er livsbekræftende at dele musikalsk kærlighed med
andre mennesker og jeg kan ikke komme på noget, som jeg
glæder mig mere til i hverdagen – end at stå og spille mine
gamle plader.

På en måde slutter det ringen for mine fyrre år med hiphop.
Hvad der startede med en øjenåbner i New York, tog jeg
med til Rochester og arbejdede videre på. Da jeg landede i
Kastrup, tog jeg begejstringen med til Tårnby Torv, hvor min
bror og jeg startede en lang rejse sammen. I dag står jeg
stadig i Tårnby. Jeg er blevet voksen, har fået fire børn og
har mit eget band sammen med en af mine bedste venner. I
min stue, som jeg har indrettet som en tidslomme fra 70'erne
– spiller jeg den musik, der startede det hele.

**"Livet blir' det du gir' og det du gir' – ja, det får du
tilbage."**

Grandmaster Dee Pee & Soul Investors, 2022

EPILOG af Per Pedersen

Da forfatter Michael Sørensen for cirka 5 år siden kontaktede mig første gang og spurgte, om jeg var interesseret i at være en del af et bogprojekt, som handlede om mine mange år i hiphop og om fænomenet Dee Pee, takkede jeg pænt nej.

Jeg mente åbenbart ikke, at tiden var moden til det - eller nærmere om jeg overhovedet var interessant nok at blive foreviget i en bog. En tanke, der altid har fulgt mig igennem det meste af mit liv, hvor jeg for det meste har følt, at jeg ikke var god nok eller interessant nok som menneske, kunstner eller rapper. Nu fyrre år efter mit første møde med hiphoppen i New York 1982 og som årgang 1965, har jeg endelig indset mit værd - og at jeg sgu i den grad er god nok til at blive kaldt et unikt stykke dansk hiphop historie.

Så derfor kontaktede jeg igen Michael med håbet om, at han stadigvæk var interesseret i at skrive en bog om den gamle hiphop pioner fra Tårnby Torv. Til mit store held var svaret fra ham heldigvis et rungende "Ja! Det vil jeg gerne."

Livet er en forunderlig skabning, for det har simpelthen været en af de bedste beslutninger, jeg har taget i mit liv. Et stykke ind i processen, havde jeg i Michael fået mig en ven for livet.

Pludselig sad vi og så fodbold sammen og gennem de sidste
to år har vi næsten dagligt delt vores fælles interesser for
musik, debatteret løst og fast og samtidig holdt fast i en
fælles drøm om at skabe ny og spændende musik.

Jeg kan i den grad takke Michael for, at han har fået åbnet op
for nogle personlige ting indeni mig gennem hele
bogprocessen. Vi har brugt utallige timer i min lejlighed på
Amager, hvor snakke om mit liv, mig selv og min familie har
fyldt rigtig meget. Vi har især snakket om min kæmpe
kærlighed til musikken, til hiphop og til mit hjertebarn
Grandmaster Dee Pee & Soul Investors, der jo smukt lukker
cirklen for min 40-årige hiphop karriere.

Det har været en kæmpe gave at få Michael indover. Af
hjertet tak, min ven. Jeg vil altid være dybt taknemmelig for
denne bog – og for derefter samtidigt at lære din fantastiske
Kristina og dine børn at kende.

Lige siden min barndom over teenager til voksenårene, har
jeg altid været genert, introvert og usikker med tendens til
stammen. Jeg har sloges med et dårligt selvværd og det har
aldrig nogensinde ligget i kortene, at jeg engang ude i
fremtiden skulle ende op med at være et ikon for dansk
hiphop kultur, far til fire fantastiske børn og stadig være
relevant i en branche så macho og battlefikseret som hiphop
alle dage har været.

En branche hvor det gælder om at råbe højest, hele tiden være et skridt foran og aldrig gå i stå, men måske er det netop det, der har været min force i alle de år?

Jeg har forsigtigt iagttaget, stået på sidelinjen og suget til mig med et utrætteligt drive og tro på, at jeg engang i fremtiden ville finde mit eget personlige ståsted i hiphop-universet.

Min far sagde altid om mig: "Per, han er det stille vand, den dybe grund".

Den sætning har fulgt mig næsten hele livet. Det var derfor heller ikke svært for mig at finde en titel til bogen. Den lå ligesom til højrebenet og Michael var enig.

Det var heller ikke svært for os at blive enige om, at bogen ikke skulle indeholde skandaler, grimme anekdoter eller nedsættende historier om andre. Det er ikke den person jeg er og det er ikke det, som jeg vil huskes for. Det er slet ikke det eftermæle jeg ønsker, at mine børn og familie skal huske mig for. Det er derfor blevet en sober og personlig bog uden drama og ballade, som oftest kun har til formål at sælge flere bøger på ryggen af folk, der bagefter føler sig udleveret. Den type bøger og opførsel synes jeg, at der er nok af ude i verden. Endnu en tak skal der derfor lyde til Michael for, at altid kende grænserne, aldrig presse mig på "saftige historier" – og altid have respekt for, hvordan jeg gerne ville portrætteres.

Det Stille Vand, Den Dybe Grund er uden tvivl kronen på værket i min 40-årige hiphop karriere. Det er et kæmpe skulderklap og et minde for altid til de kommende generationer i Dee Pee og Familien Pedersen dynastiet.

Tak for at du læste med.
Per Pedersen
Tårnby, 24. august 2022

Per Pedersen 1965

Foto: Privat

Per Pedersen / Grandmaster Dee Pee sender kærlighed og tak ud til:

Mine to fantastiske forældre, **Lis og Jan Pedersen.**
I er mine to største forbilleder i hele verden. Tak fordi I altid har været der for mig og for mine fire børn.

Mine dejlige og smukke børn **Alexander, Nicolai, Selma og Marvin.** Jeg elsker jer overalt på jorden.

Min talentfulde og varme bror **Lars Pedersen.** Tak for rejsen, bror. Det havde aldrig været det samme uden dig.

Nadia: Tak for dit venskab og for vores to dejlige børn.

Klaus Nielsen: Dit dejlige varme menneske og super dygtige bassist og musiker: Tak fordi du har været der for mig og altid er med på Soul Investors rejsen. Også tak til din kone **Karina.**

Min dejlige ven, DJ og forfatter **Michael**: Tak er kun et fattigt ord. Tak til din dejlige kone **Kristina,** som har det største hjerte af guld.

Thomas Julin fordi du altid har troet på mig.

Ole Sivertsen Mr. Funk, gammelt venskab ruster aldrig.

Mine fire eminente venner i Rockers By Choice: **Øyvind, Georgios, Peder og Lars**: Tak for minderne og læretiden.

Tak til alle musikerne i Soul Investors.

Søren Karstensen for over tyve år med cover/grafik.

Peter Mesnickow: Tusind tak for al din hjælp!

Tak til Tårnby Torv, Amager, Rochester og ikke mindst til alle jer derude, som støtter mig & Soul Investors. Uden jer ville det være svært at finde lysten til at fortsætte.

Peace, Unity, Love and Having Fun
Grandmaster Dee Pee – Soul Investor, Disko-Rap Mester, Funky Old School ind til benet & hiphop pioner siden 1982.

Rockers By Choice:
Opråb Til Det Danske Folk (1988)
Nedtour Live (1989)
Vi Er Generationen Der Ikke Må Fejle (1992)
Klar Til Kamp (1992)
De Fem På Flugt (1996)
Rockers Retro (2002)

DeePee:
Perspektivet (2010)

Grandmaster Dee Pee & Soul Investors:
Soul Investor (2016)

Grandmaster DeePee
I AM LEGEND
PART III
40 ÅRS HIP HOP JUBILÆUM
SOUL INVESTORS · ROCKERS BY CHOICE
KAREN MUKUPA · JØDEN
M-ROCK(SE) · AFFILIATED
DJS: PHASE 5 · CHIEF 1
AMAGER
BIO
22. OKTOBER 2022